阿羅哈！

Aloha

我在修藍博士身邊學到的清理話語

修藍博士／監修　平良愛綾／著
龔婉如／譯

© Chiho Ushio

Ihaleakala Hew Len, ph.D.

Aloha

阿羅哈！

某天，我和修藍博士見面時，因爲太開心了，於是精神奕奕地對他喊了聲「阿羅哈」。在夏威夷，一天裡會聽到好幾次「阿羅哈」這句招呼語。聽到這句話之後，修藍博士對我說：「今後不管任何時候、面對任何人，都不要忘了現在這樣的心情。」接著他還告訴我荷歐波諾波諾中「阿羅哈」的意義。

「『阿羅哈』的原意是『現在的我正在神的面前』。

「不管是你、我、遠處的花，甚至是你現在腳下穿的鞋子，都是神聖的存在所創造出的完美存在。不管眼前出現的是什麼，任何事物的背後都是神聖的存在、無限偉大的存在。」

如果你對於出現在眼前的人事物，都沒有任何神聖的感覺，無法接受對方原有的樣貌、完全感覺不到美，或是覺得看起來很悲傷、覺得不舒服……

依博士的說法，這些原因都不在對方，而在於我們內在重播的記憶。

當你遇到任何問題時，就是某種東西（記憶）在你內在重播的證據，它讓你無法以完美的狀態看見完美的事物。若能藉由清理將記憶消除，我們就獲得了使自己回到原本零的狀態的機會。這就是荷歐波諾波諾的基本概念。

但大多數的狀況下，我們都無法這麼想。

當我們被人攻擊時，當然就必須躲開，當衣服或鞋子髒了，就必須清洗或修理。

在這樣的狀況下，若同時進行荷歐波諾波諾，會發生什麼事呢？

如博士所說，無論是否誠心，只要說出「阿羅哈」的那一瞬間，我們內在就會開始清理記憶，就能找回我們和其他人之間原本完美而神聖的關係。

不須強迫自己認爲醜的東西是美的，只要能看見對方內在的隔閡並仔細進行清理，「阿羅哈」的精神就會先傳達到自己身上，接著問題的眞正原因會逐漸消失，從這個瞬間開始，對方和我就都會朝向原本正確的方向邁進。

當你心中對別人有反應時，就說「阿羅哈」。

看見了不想看的東西時，就說「阿羅哈」。

無法喜歡自己時，更要說「阿羅哈」。

不管是否發出聲音，我都希望將「阿羅哈」送給今天一整天所遇見的人事物、語言、風景和自己。發生的每一件事，都給了我讓自己更加自由的機會。

我與「荷歐波諾波諾」的相遇，就是從認識「阿羅哈」的精神開始。

什麼是荷歐波諾波諾？

不管你是否正在實踐荷歐波諾波諾，或是剛接觸不久，都讓我們重新複習一下夏威夷的祕法荷歐波諾波諾。

從古代夏威夷的荷歐波諾波諾到荷歐波諾波諾回歸自性法

荷歐波諾波諾是夏威夷自古以來流傳的解決問題方法。是一種發生口角、爭執、疾病等自己無法解決的問題時，由夏威夷原住民族特定人士居中進行的問題解決法。從字面上來看，「荷歐」（Ho'o）表示目標、道路，「波諾波諾」

（ponopono）則是完美的意思。因此荷歐波諾波諾的意思，就是將現在的錯誤導正至原本完美的場所。

夏威夷傳統治療師（當地人稱爲卡胡那），同時也是夏威夷州寶的莫兒娜・納拉瑪庫・西蒙那女士將古代荷歐波諾波諾發展成爲不分人種、宗教、年齡與性別，任何人都可以在任何地方獨自進行的荷歐波諾波諾回歸自性法（以下簡稱荷歐波諾波諾）。

對於我們每個人都會遭遇的各種體驗，例如人際關係、金錢、家人、健康與工作、戀愛問題、怨恨與嫉妒、自卑感、沒有精神或自信等，荷歐波諾波諾都能發揮其效力。

所有問題的原因在於「記憶」的重播

荷歐波諾波諾認爲，在我們身邊所發生的所有事情（例如好事、壞事、人際關係、金錢問題、疾病、受傷、家人、災害、在國外所見的悲慘新聞、考試的結果等），幾乎所有原因都在於自己的潛意識所累積的記憶進行重播。

這裡所說的「記憶」，並不只是我們誕生於母體之後自己體驗到的感官記憶，而是指宇宙誕生之後所創造出來的所有存在（除了人以外，還包含了兔子、海帶等動植物，以至海邊的岩石或小喇叭等無機物）所體驗的所有事物，成爲我們的內在小孩（潛意識）的記憶，長時間不斷累積而成。

我們的內在小孩（潛意識）隨時（一秒高達一千五百萬位元！）會重播累積了幾個世紀的龐大記憶。而我們平常所體驗到的情緒、發生的事情和問題，都是重播記憶的反射。我們眞正的樣貌、本來的狀態是零、自由、空無一物、無、純眞而全新的姿態，這時偉大的存在（有各種其他說法，如神性、神聖的存在、偉大的自然、神、宇宙、起源等）和「眞正的我」隨時都連結在一起。

但是當剛才所說從過去一直累積而來的龐大記憶在我們內在重播時，偉大的存在和我之間本來最完美的連結就會被切斷，讓我們無法獲得完整的訊息，也無法體驗到眞正的自己。

如果我們的意識中每秒有一千五百萬位元的記憶被重播，想要做眞正的自己就會是一件非常困難的事情。這就是我們每天所面對的問題的眞正原因，而問題的解決方法就是荷歐波諾波諾。

構成「我」的三個自我和神性

介紹荷歐波諾波諾的問題解決方法之前，再與大家分享一些關於「我」的事情。「我」是由三個自我（self）所組成的：

．尤哈尼（Uhane，意識／母親），是我們平常感官的部分、大腦運作的部分；

．尤尼希皮里（Unihipili，潛意識／孩子），累積過去的記憶，驅使情感與身體重播記憶的部分；

．奧瑪庫阿（Aumakua，超意識／父親），是神性與靈性層面連結的橋梁。

這三個自我構成了「我」這個獨立的自己。但是三個自我的連結狀態，將

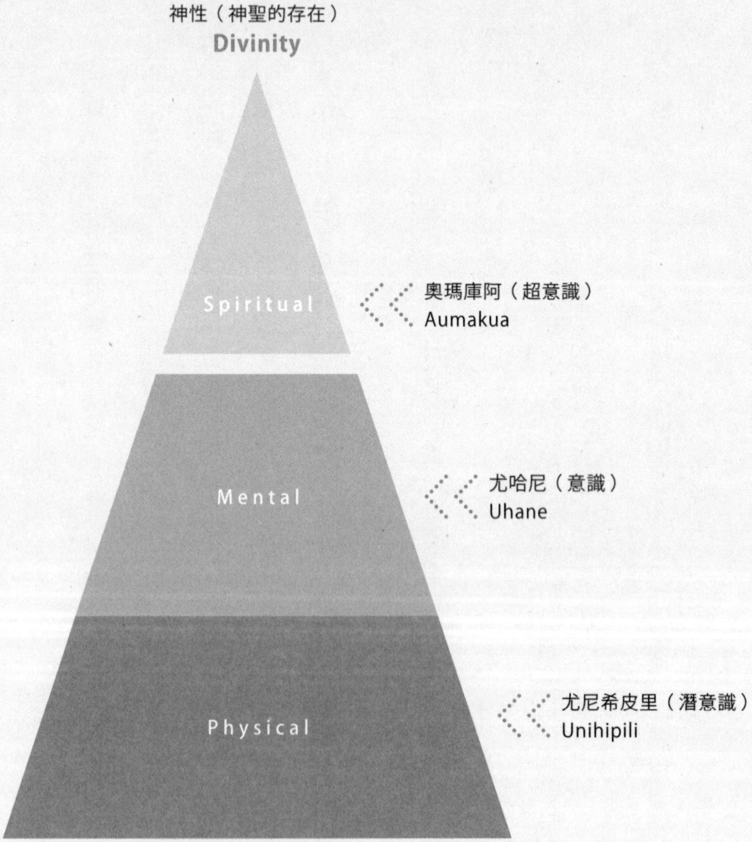
神性（神聖的存在）
Divinity
Spiritual
奧瑪庫阿（超意識）
Aumakua
Mental
尤哈尼（意識）
Uhane
Physical
尤尼希皮里（潛意識）
Unihipili

構成你的三個自我

會對「我」所感受到的體驗有很大的影響。

如同下一頁上方所介紹的三角圖示，尤哈尼（母親）會照顧內在小孩（孩子），只要自己心中的三個自我是連結在一起的，我們就能維持本來的平衡狀態，並能完全體驗到神性（神聖的存在）所帶給我們的事物（愛、靈感等完整的訊息）。

但若是如同頁下方的圖所示，因爲記憶的重播而蒙上陰影時，與神性之間的橋梁，也就是奧瑪庫阿（超意識）就會被切斷。這時我們就會被困在內在小孩（潛意識）所重播的「記憶」之中而無法逃脫。

也就是說，任何時候我們都在體驗著「記憶」或「靈感」其中之一。

取得平衡的狀態

內在小孩被你（也就是尤哈尼）所照顧，從神性獲得靈感。

被切斷時的狀態

向外界尋求協助，記憶不斷被重播。

讓我們一起進行清理吧！

爲了回到構成「我」的三個自我取得平衡的狀態、再一次與神性（神聖的存在）取得連結，就必須消除內在小孩（潛意識）中所累積的記憶，並且放手。這就是荷歐波諾波諾的問題解決方式，我們將這稱爲「清理」。

清理的代表方式之一，就是在心裡不斷複誦**「謝謝你」「對不起」「請原諒我」「我愛你」**這四句話。就算並非發自內心，只是像按下電腦消除鍵一樣也無所謂，當你體驗到任何問題，或是心中出現任何情緒時，就在心裡複誦這四句話，非常簡單。或是只說一句**「我愛你」**也無所謂（不需要眞正愛上問題本身）。

可以開始進行清理的不是別人，而是意識，也就是你自己。只要在感受到問題的當下，對著出現的情緒、和自己相關的人、土地或計畫重複說出四句話，內在小孩（潛意識）就會感覺到你（意識）正在進行清理。問題直接的原因，也就是記憶，就會被消除。

期待本身就是「記憶」

內在小孩的記憶非常龐大。我們所感受到的意識並無法得知進行清理之後可以消除多少記憶。進行清理之前，先了解這一點是很重要的。

那是因爲對清理結果的「期待」也是一種記憶，會使清理過程受到阻礙。

聽起來或許很難，但你不需要期待成果，也不需要對自然湧現的期待感到罪惡，只要腦子浮現「我已經在進行清理了，但什麼改變都沒發生？眞希望快點發生啊」這種聲音時，就是清理的機會到了！只要繼續進行清理就可以了。

「不要拘泥於清理的成果」

應該有許多讀者已經聽修藍博士說過很多次這樣的話了。

我之前曾經有過幾次機會和荷歐波諾波諾的體驗者見面，並從他們口中聽到「實行之後發生了很棒的事情喔」「疾病痊癒了」「問題解決了」這些話。

這些人的共同點在於都是爲了清理而清理，極其自然地進行清理，甚至到了自己沒有察覺的程度。每個人都不拘泥於清理的結果。

他們進行清理之後，似乎會在那一瞬間忘記清理這件事，而且不在意之後所發生的事情。

不管面對任何問題，他們似乎都能感覺到實行清理這件事是舒適的。面對這些人時，我才發現自己每天進行清理的時候往往都抱著期待。

還有一點請大家記住，並非只有不好的體驗才是記憶。在荷歐波諾波諾的想法之中，即使是長年以來的願望終於獲得實現的幸福感受，也要進行清理。

面對問題的時候，不能認爲「清理一次就足夠了」，應該把問題當作使自己擺脫記憶、獲得自由的機會，將內在小孩（潛意識）在各種場合讓我們看見的事情一件一件仔細進行清理，來加強與內在小孩之間的連繫，回歸自己原本零的狀態，這就是荷歐波諾波諾的目的。

並非在遇到煩惱時才尋求神明庇護，而是不論好或壞的時候，在每天生活之中都要盡可能進行清理，就像呼吸一樣自然。

關於伊賀列阿卡拉．修藍博士

已逝的莫兒娜女士制定現代版荷歐波諾波諾之後，就有許多人持續不斷地實行。出生並成長於夏威夷的伊賀列阿卡拉．修藍博士就是其中一人，也因此使荷歐波諾波諾廣爲全球所知。

修藍博士曾多次與莫兒娜女士在國際性機構和世界各國的活動中演講，也曾經於夏威夷收容高度精神異常犯罪者的醫院中進行清理，使所有病人痊癒出院而廣爲人知。目前經常在美國、歐洲、中東各國、日本、韓國、台灣、香港等世界各地發表以「荷歐波諾波諾回歸自性法」爲主題的演講。

喜愛大自然的修藍博士，雖然有時候也會說出格外嚴厲的話，但是待在博士身邊時，我總能感受到前所未有的心情寧靜，讓我體會到了待在大樹旁邊般的安樂與平靜。

★想更進一步學習荷歐波諾波諾的實踐方法，請閱讀《零極限之富在工作》《荷歐波諾波諾的幸福奇蹟》《內在小孩》《零極限的美好生活》系列書籍。

〈前言〉

我與修藍博士的相遇

二〇〇七年十一月，我參加了修藍博士在日本的第一次演講。因爲我的媽媽接觸荷歐波諾波諾之後，飛到美國洛杉磯參加課程，兩個月後便邀請博士到日本開課，我才有了認識博士的機會。

老實說，第一次去上課時，我不太能理解，但當我學到代表潛意識的「內在小孩」時，不知道爲什麼突然有了感覺。彷彿突然想起了長久以來被我遺忘的自己的一部分，感到安心之餘，也覺得驚訝不已。

當時我還在從事其他工作，但媽媽要求我在博士第一次到日本的某個週末擔任他的助理，陪他一起接受雜誌訪問。由於事出突然，我完全不知道該做些什麼，移動時總是走在最後面幫忙拿行李，注意不要擋到其他人。

我腦袋空空地走著，突然發現修藍博士不知何時出現在身邊。我以爲是自己走得太慢了，於是急忙加快腳步跟上，但博士卻阻止我，並說：

「傷痛並不在外面，而是全部永遠存在自己的內在。」

我停下腳步，博士繼續對我說：

「而你可以放掉這些傷痛，不需要依賴任何人。」

說完這句話後，博士握著我的手，把我的手放在旁邊一棵銀杏樹上。

「現在你就在心裡唸著『冰藍』，然後像這樣觸摸植物。因爲可以將你從傷痛中解放出來、幫助你自由的存在，就在距離你這麼近的地方。你的內在也有著長久以來一直等待著你的某種存在，他誠心地等著你進行清理、變得自由後，找回眞正的自己。」

★「冰藍」是荷歐波諾波諾的代表性清理工具之一。在心中唸著「冰藍」，並用手觸碰植物，就能藉由植物純眞的能量將記憶消除。

說完後，博士又加快腳步向前走去。在短短的時間內發生的這件事，讓我嚇了一跳，不過我仍然馬上照著博士所說在心中唸了句「冰藍」，然後摸了摸銀杏樹的樹幹。

當時並沒有發生任何太大的變化，但照著博士的話做了這件事的那一瞬間，我突然想要對自己說句「謝謝」。而且不可思議的是，我的心情突然變得平靜，也恢復了沉穩。

這就是我和我的內在小孩第一次接觸的體驗。

我將修藍博士演講期間與他同行時及工作上書信往來時，寡言的博士無意間所說的話，集結而成這本書的內容。

爲了方便大家閱讀，將博士所說的話以藍色標示。

書裡也說明了博士在什麼樣的場景說出這些話，而爲了使這些文字更具體，我也加入了當時自己所體驗到的、所感受到的心情。

每當問題堆積如山時，我也曾經有過不想進行清理的念頭。而如此不成熟的我，也會有因爲疲倦而迷失自己的時候。這時之前所記錄下博士的這些不經意間所說的話，就會輕輕推著我繼續向前走。

希望每一位想找回「眞正的自己」、希望生活過得更加充實而豐富的讀者，都能從這本書中找到答案。

CONTENTS

CONTENTS

CONTENTS

CONTENTS

Thank you

I love you

I'm sorry

please forgive me

Aloha

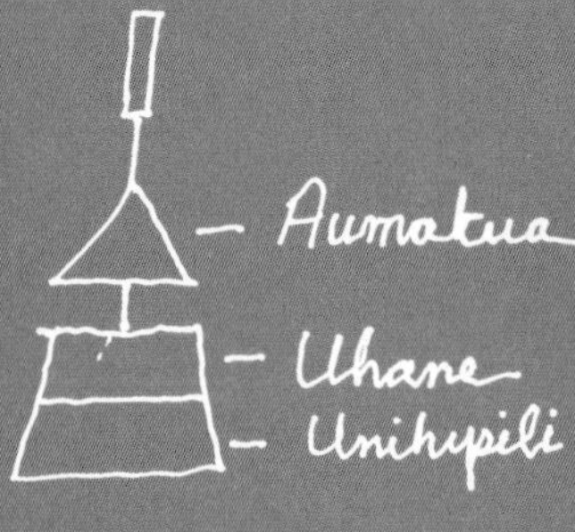

恐懼或愛，
你在每一瞬間都只能選擇其一

我和朋友之間曾經發生過一些問題，我所做的、所說的任何話都只是適得其反。

於是我硬逼自己配合對方或是當下的氣氛採取行動，卻被事後的失落感搞壞了身體。就算我鼓起勇氣提出相反意見，卻也只是讓氣氛越來越緊繃。

後來博士來到日本，某天我和博士一起在他投宿的飯店裡共進早餐。服務生到桌邊幫博士倒咖啡，博士向他道謝之後，突然對我說：

「恐懼和愛只能選一個，現在你選了哪一個？」

那一瞬間我愣住了，心想：「只是吃個早餐，哪會有什麼恐懼或愛？」事後想起這件事，我才發現自己從早上起床後、與博士見面之前的這段期間，都只想到最近不愉快的情緒。腦子裡充滿了攻擊、批評對方的語言，同時也品嘗著孤單的心情。

我沒有意識到這是一天的開始，只是帶著疲倦感換上衣服，心裡想著快遲到了，急急忙忙地趕出門。

因爲事先約好了，所以我去和博士見面，時間到了就去吃早餐、喝著咖啡。如果一定要二選一的話，從一早起床開始，我簡直就像是漂浮在「恐懼」之中的亡魂。

看到我沉默，博士對我說了一句話。

「不可以一直顧著和記憶玩。」

聽到這句話，我驚醒了過來，一邊深呼吸，一邊在心裡唸著那四句話：

「謝謝你。」

「對不起。」

「請原諒我。」

「我愛你。」

這時，咖啡的香氣突然在我口中蔓延開來。眼前突然清楚出現了從剛才就一直就坐在我面前、總是戴著帽子的博士的和藹面孔。接著我在心裡把今天一整天的行程整理了一次，一切都自然而然地變得很明確。

這個體驗，或許就是在那一瞬間捨棄「記憶」而選擇「愛」所獲得的安心感吧。

我們經常身處於問題之中，只想著如何解決問題，完全顧不了其他。但即使是這樣的狀況，我們仍然有選擇的自由。

「記憶或愛，在每個當下的瞬間，你都只能選擇活在一個當中。」

選擇哪一個都可以，可以選擇的只有一個人，就是你自己。

因爲經歷過這樣的早上，於是我再次問自己：「當下這一刻，我選擇的是哪一個呢？」

打電話給有心事的家人時、寄出工作上的電子郵件時、購物、寫稿、爲植物澆水和用餐的時候，我都是怎麼選擇的呢？

現在的我，似乎大多數時候會選擇記憶（恐懼）：爲了表現出聰明能幹的樣子而寫電子郵件、爲了掩飾自卑而選擇洋裝、爲了不讓人覺得不孝而打電話。

以前的我爲了修復與朋友之間的關係，都會在見面時改變想法、試著想要面對問題，但即使表面上看起來很和諧，其實內心深處還是累積了沒有處理完的感覺，最後只是增加痛苦。

「因爲有事情尚未清理乾淨，所以會回想起這件事。因爲尚未清理乾淨，所以感情才會湧現出來。」

我一直以爲自己知道和朋友之間發生不愉快的原因，因而我向對方道歉、保持距離、試著改變應對方法，但結果雙方關係仍然沒有改變，無法冷靜思考。

「深藏在你之中的『原因與結果法則』也可以每天進行清理。有時認爲這麼做就會變成那樣的想法，會干擾每一件事物本來就具備的最完美作用。」

平常我們在無意識狀態中採取的行動，常會在一開始就先設定好結果，並批評這些行動的動機。但是如果你能察覺博士說過的「因爲進行清理，所以發生了這樣的事」，就會想起應該進行清理了，接著內心的傲慢就會消失，自然會知道接下來該怎麼做。

「就好像電影播到一半才開始看。」

博士經常這麼形容正在感覺問題的我。眞正的原因是幾億年前萬物起源時就已經發生的，我們不可能知道。我們是從電影播到一半時才加入，卻以爲自己了解故事的內容，並隨手開始試著解決問題。所以多半會採取讓自己受傷的做法。

我回想著博士的話，並試著對內在小孩說話。

「原來你一直抱著這麼恐怖、這麼悲傷的體驗啊，謝謝你讓我看見。」之後每當我對朋友產生焦慮、孤獨、生氣的體驗時，就會很單純地這樣進行清理。進行清理時，如果需要連絡，當然也會進行連絡。這麼做了之後，我不再需要忍耐，也不會有大爭執，而是自然地與朋友疏遠。失去一位朋友本來應該是很令人難過的，但是我心裡卻十分平靜。

等到下次有機會見面時，我不對自己說謊、不勉強自己、不讓自己的心累積過去那種痛苦，可以微笑地和對方說話。

記憶或愛，現在的你是用哪一種來閱讀報紙呢？

記憶或愛，現在的你是用哪一種來看電視呢？
記憶或愛，現在的你是用哪一種來用餐呢？
記憶或愛，現在的你是用哪一種來吃藥呢？
記憶或愛，現在的你是用哪一種來看著手機呢？
記憶或愛，現在的你是用哪一種來和旁人交談呢？

每當我問自己用「記憶或愛」時，就會發現自己在每個行動中繼續累積記憶，而現在仍然是選擇記憶。這時只要我想起荷歐波諾波諾，在這個瞬間我就能選擇清理。之後我們就能慢慢地看到回歸自己充滿光的關係性。現在就請你也問問自己，「記憶或愛，現在的你選擇哪一個呢？」

▯ 是靈感

m 是記憶

修藍博士的自我清理話語

Love Said.

「愛」這麼說了。

Love said "I am the "I"."

愛說：「我就是『我』。」

Love said "I am the eternal light beam."

愛說：「我就是永遠持續發光的物體。」

Love said "I am freedom."

愛說：「我就是自由。」

Love said "I am home."

愛說：「我就是家。」

★這段文字是我和博士以電子信件討論某份合約書時，博士在回信的最後加上的一段文字。

你對任何事的喜惡，都在給你清理的機會

某天我和博士一起搭車，博士看我用iPhone查資料，對我說：

「就算只有一次也好，今天你是否向iPhone說過『謝謝你』了呢？」

荷歐波諾波諾認爲萬物都有自性（靈魂）。那天我用iPhone查了目的地的地址、回e-mail、拍照，讓iPhone做了好多事，卻連一次「謝謝」也沒說。當我發現這件事後，連忙在心中反覆思考這件事。

結果不知爲什麼，我脫口說出了這樣的話。

「但是……我有時候會想，如果沒有iPhone這些機器，我的生活會變得更

自由、更輕鬆。如果沒有iPhone，我就可以更平靜一點。它讓我不斷獲得自己甚至不想知道的資訊，而且太容易就能取得連繫，有時候覺得好累。」

事後我很後悔自己有這種想法，而感到沮喪不已。博士知道後，便對我說：

「覺察這樣的想法並將它放下之後，你和這支電話就有機會獲得自由。綁住你的不是這個機器，而是原本就在你心中的記憶。」

原本為了方便而使用這支電話，卻因為無法好好使用而感到不自由、因為太方便而過度依賴、因為過於仰賴而沉迷其中。但是對這些事情有所反應，並進行判斷時，實際上失去自由的不是別人，沒錯，就是你自己。

「就連你的『喜愛』也是記憶。由記憶所產生的執著，將會慢慢腐蝕你內心本來就具備的愛。」

「喜愛」讓我變得不自由……是這樣嗎？我回想著自己的生活方式。

我們每天都可以看到很多人過著很有個性的生活。例如不吃肉、不穿皮草、只吃生菜、盡量不吃加熱的食品。接觸過這樣的生活方式之後，就會覺得佩服、產生共鳴、覺得很有收穫！

或是聽說哪家超市只賣無農藥、特定產地的農產品，就會覺得光是去買東西就很有意義了。

又或是推特或臉書這種可以隨時獲得最新情報的社群網站服務、可以隨時（而且免費）跨越國境傳送照片和訊息的即時通話軟體，都讓我有種搭乘私人飛機飛往任何地方的感覺。在每個國家都有朋友的感覺眞是太棒了！

我只要進行選擇，隨時都可以取得，只要我拒絕，就又可以毫無牽連。即使是生活在如此自由又方便的世界，但我卻不打算在這裡放棄思考。

隨著「喜愛」這種感覺而來的，是「太過方便」的批評、「對銀髮族來說太困難」的判斷、「操作太麻煩」的不滿，還有「這樣的生活太不自然了吧！」

這種不知所云的想法……

甚至會因爲某些原因，本來一直覺得生活中使用這些功能和服務是理所當然的，卻在一夜之間感到厭惡。

「對於獨一無二的存在，我們感覺喜歡或厭惡、占便宜或吃虧、美或醜、健康或毒害或危險……雖然蒐集了大量訊息，但這些都不是現在發生的事情，而是從很久以前就累積的東西，在這個時代裡表現出來。顯現在你的面前，而不是顯現在其他人的面前。如果你沒有發現這一點，就無法開始實行荷歐波諾波諾。」

聽了博士一席話，我彷彿從睡夢中醒來。原來如此。當我忙著思考時，就連自己喜歡的東西也會讓我感覺疲累或厭倦。正如博士所說，因爲這些是從我的「記憶」所見。

我的母親熱愛參加各種講座，她曾經在某個講座裡聽到這段有趣的話。

「我們因爲某些特定原因而喜歡某人，將來也會因爲這些原因而討厭他。」

剛聽到這句話時，我並沒有特別的感覺，現在回想起來，卻覺得滿有道理的。「這個人好幽默，我好喜歡他！」這種想法可以維持多久呢？我想起自己也曾經在這種興奮之情消失後開始感到焦急。

「如果這時進行清理，你就能從『喜愛』和『厭惡』的記憶中被解放出來，找到原本的道路。如此一來，和你相關的所有人事物就能回到與眞正的自己連結的道上並重新開始。不需要經過破壞或戰鬥，當所有人事物回到原本應有的地方時，才能展現出他們眞正的才能。」

我也有特定喜歡的類型、喜歡的想法和生活方式。興趣和嗜好是靠經驗所培養、養成，讓我的生活更有樂趣。透過「喜愛」而認識的朋友都是我的財富。不過博士告訴我，即使如此，清理還是很重要的。

「清理絕對不是失去。如果能針對賦予對方的『喜愛』或『厭惡』進行清理，和這個人之間累積了好幾個世紀的記憶就會被消除。如果我們對某個人強烈地抱持著『我好喜歡他那麼認眞、風趣又美麗的樣子』的想法，那麼現在就進行清理。清理之後所留下來的，就是眞正的愛。」

不知爲何博士的口袋裡永遠都放著小包裝面紙，而且是在街上可以免費拿到的那種廣告面紙。這時博士從口袋拿出面紙，看著面紙對我說：

「現在試著對物品所提供的服務進行清理，尤其是『免費』這個體驗。由價格來定義物品價值的是人類，而這裡所存在的自性和靈魂是很普遍的。如果局限於『免費』這樣的價值，就會破壞對其自性的尊敬，而無法接收這項東西所表現出的最大才能和它所要傳達給你的訊息。當我們對撿到的東西、免費獲得的東西進行清理，就能透過這項東西原本就具備的才能接收靈感。」

我的iPhone有很多功能，有付費購買的軟體，也有因爲免費而下載的一些程式。

iPhone雖然很方便，但自從我開始使用iPhone之後，隨時都想看一下iPhone。因爲是免費的，所以就算沒有太大意義，也還是繼續使用；因爲是特別花錢買的，不用就損失大了，所以忍不住一直用。我心中確實沒有尊敬它們的念頭，而我也在不知不覺中把自己弄得很累。

「我們的靈魂都在追求自由，任何人都會從自由看待自己的人身上獲得安全的體驗。所以更希望你能清理『喜愛』的心情，因爲期待和執著其實就是記憶。正因爲和記憶連結在一起，所以記憶才會改變型態，在某個地方重新被播放出來。」

對持有物所附加的意見或記憶進行清理，就能變得更自由。當我是自由的時候，這些物品也才能重拾自由。

「我最重要的iPhone，你帶給我好多方便，我無法想像沒有你的生活！我對你迷戀的程度，甚至到了只要一天不把你帶在身邊就覺得不安。我的內在小孩，謝謝你讓我知道這種心情，其他人一定也有同樣的感覺吧？謝謝你給我清理的機會。」

我想我和iPhone之間的清理，應該還會持續一段時間吧。

修藍博士的自我清理話語

我用很多方式來比喻記憶重新播放的狀態。

例如，未進行清理的狀態，

就好像沒有進行更新、越跑越慢的電腦。

例如，撿到某人掉落的東西，
為了物歸原主而不知道怎麼辦才好，
就像無法順利與自己原本的工作契合的狀態一樣。

例如，就像塞滿了頭髮的浴室排水孔一樣。

現在的你，是什麼狀態呢？

在靈光一現的瞬間，那想法就有了生命

我心中經常會冒出許多想法或計畫，光是想像就能讓人高興得手足舞蹈，但一想到要執行，心情就越來越沉重，而弄得心神不寧，這樣的經驗多得數不清。這時候就會給身邊的人造成困擾，然後自己逐漸失去信心……

從我有了靈光一現的想法開始，腦中就會冒出各種聲音：

「反正一定做不到的。」「我沒有這樣的能力。」「一旦付諸行動，一定會被很多人說東說西吧。」「如果失敗，會很丟臉喔。」「這樣做只會讓身邊的人更加失望而已。」……

這些恐怖的聲音馬上就占滿了我的腦袋，讓我不知所措。於是在開始進行之前就變得緊張，筋疲力竭到了全身發痛的地步。

有時候難得鼓起勇氣，也很幸運地各種條件都配合得很好，已經無法回頭了，於是又再向前一步。這個時候只要身邊的人不經意的一句話或是進行得不順利，我就會以很快的速度放棄。

這樣的狀況一再重複之後，我變得很會替自己找藉口，甚至很懂得如何忘記自己本來想做的事和想法。我想應該很多人都有過類似的體驗吧。

但是，荷歐波諾波諾不是這樣的。忘記自己想做什麼的，只是表面意識的我。剛認識博士時，他笑著對我這麼說：

「雖然你還很年輕，卻好像有很多身爲母親不得不做的事情。」

我完全聽不懂博士在說些什麼，於是提出了疑問。

「有想法的人，都肩負著照顧的偉大任務。不就像是媽媽一樣嗎？」

「我幾乎不曾把想法實踐出來，只會在心裡描繪或是夢想，但都很快就放棄而受挫。」

當我這麼回答博士之後，不可思議的事情發生了——

我想起了許多事情，例如一直以來被我遺忘的半途而廢的興趣、小小的夢想、對未來的期望、計畫、和朋友一直無法成行的旅行計畫、想寄給祖母卻一直收在抽屜裡的明信片，心情變得沉重不已。博士繼續說道：

「在你靈光一現的時候，計畫就已經存在了，以有『生命』的狀態存在著。你的任務就是清理這個已經存在的想法和自己，整理出本來應有的樣貌。這就是你對被賦予的想法和計畫的責任。」

整理出本來應有的樣貌……這麼想了之後，又有更多的念頭冒了出來。我感覺許多未能達到當初目的的東西、做到一半就被丟在一旁的各種事情、想法、有如夢想般的東西，似乎都還四散在我心裡。

這些事物和我都找不到出路，簡直就像呼吸困難一樣。

「有些夢想和想法是不成形的，有時這樣才是對的。什麼是正確的？什麼是不正確的？我們是不會知道的。

「但是，如果這當中存在著判斷，那麼你就可以進行清理。如果有某人對你說了某些話，你就可以清理這些事。

「我希望能變成照顧這些想法和計畫的人，並且竭盡所能集中精神來清理。雖然我不知道這些想法和我之間過去發生過什麼，但真正的目的是藉著這個機會放掉展現出來的悲傷、憤怒、怨恨和自責，讓彼此眞正自由。我們應該做的就只有這樣。被照顧、被賦予生命的想法就會感到安心，順從靈感整理出最正確的樣貌和結果。」

某個時期裡，我曾充滿熱情想做某些事，也曾靈光一現想到許多點子，卻無法完成而不斷累積，這些事情最後彷彿變成骯髒的垃圾桶一般，讓人無法多看一眼，被我硬是蓋上蓋子。

「搞砸了」「被拒絕了」「因爲我這個部分不足，所以沒辦法實現」「好悲慘」「好丟臉」……我找了好多原因讓自己放棄。這些無法成形的存在，被我黑暗的情感捧在手心、然後被葬送，失去了方向，就這樣一直留在我心中。

當他們受到期待時，就彷彿裝載了高價引擎的汽車一樣，可以飆到急速。但那些莫名被冠上過度期待的想法會怎麼樣呢？

如果不清理期待，只是隨意放在一邊，這些期待就會無限膨脹，我曾好幾次因此失去了純眞和自由，但被奪去自由的不只是我，還有想法。

如博士所說，期待從很久以前就存在我心裡了。只要認爲內在小孩透過想法賦予我們自由的機會，心裡就會自然而然能和這些被自己遺忘的存在說說話了。

「你可以自由了喔，有什麼幫得上忙的地方，要再告訴我喔。我會幫助你的。」

「著急和焦躁都是記憶。如果不進行清理，即使夢想實現了，也只會形成記憶的連鎖。」

當你看到別人實現了自己過去曾有想法和夢想，感覺羨慕的時候，就要想起仍然存在自己心中的想法，和他們對話。

「謝謝你，對不起，請原諒我，我愛你。」

說完之後，你就能靜下心來，往下一步邁進。這麼做，和之前蓋上蓋子假裝什麼都看不見，並繼續前進有很大的差異。蓋上蓋子之後，很多想法就看不見了，而且也有很多想法還留在你心裡。

「被你在只重視結果和金錢的狀況下硬是產生出來的東西，以及當時的內在小孩，就跟受到虐待沒有兩樣。包含你，還有所有的存在，都希望回到家，也就是神性原本就準備好的家，回到家就會知道一切的事情。即使和你所期待的不符，只要讓想法回到原本的家，它就會在不經意中引導你前往更棒的道路。

「不管選擇什麼樣的生活方式、有怎麼樣的發想，藉由這樣的生活方式和發想與你相關的過程，正是你的靈魂返回原處的行爲。不管是多小的事，將思想、意識和意圖放回正確位置的過程如果太過草率，意識就會非常平等、完全留在相關的事物或人、地點或意識裡。當然也會留在你的靈魂裡。」

從那一天起，只要有任何靈光一現的想法時，我就進行清理。我把這些想法當成剛出生的嬰兒一樣，對他們說出四句話，仔細照顧他們。從此之後，我就不再爲了眼前的欲望而說溜嘴，或是使自己陷於焦慮之中了。不但自己變得很輕鬆，對人際關係也帶來很大的影響。

還有讓我數度在無意識的狀態下飛來一筆，脫口說出以前想過的事情，這給了我好幾次全新的機會。

「並非只有表現讓外面看見的才是自我表現，表現時必須先面對內在小孩，清理、清理，再三地清理。如此一來，就會有型態從靈感產生。當你以自由的狀態接收了靈感，你身邊的一切就會幫助你以最完美的型態連結到你應該連絡的對象。在這樣的狀態下，對外發出訊號的眞正表現，才是靈感。」

修藍博士的自我清理話語

試著清理一下夢中所見的景象。
趁著平常你所依賴的心靈暫時休息片刻的時候，內在小孩讓你在夢裡看到了許多事物。
就只要清理夢中所見。
如果對夢中所見有任何意見，也要一併清理。
你的工作就到此為止。

這是清理的關鍵。
它一定會為你開啟通往「真正的自己」那扇門。

你眞正的使命只有一個，就是找回自己

「你只有一項任務，就是找回「眞正的自己」。」

每次和博士見面的時候，他都會這麼告訴我。不管當時的我是多麼一帆風順、事事如意，或是問題堆積如山、什麼事都不順利。

一旦我心裡累積了不安和不滿，就會努力想要獲得大家的讚美，忍不住和其他人比較，接下來就會盡最大可能正面思考每一件事情。

但這樣的效果會越來越差，於是接著我會試著找出解決辦法，打算展開重新審視自己的旅程，或是開始胡思亂想，幻想著乾脆換個工作好了，但最後幾乎都只會讓自己更加沮喪。

「『改變自己』的方法或許可以在短時間內讓自己振作。但是之後呢？或許只會更沮喪吧。難得內在小孩讓我們看到應該進行清理的東西，但你卻把這些痛苦的回憶抽換掉了，無視於他的存在，讓他受到很大的傷害。」

確實如此，當事情進展不順利時（例如不滿意目前的工作、對未來感到不安，覺得別人都比自己好而羨慕不已的時候等），我就會在腦中描繪出理想狀況，想著要怎麼樣改變才好，不可思議的是，自己的態度也會跟著改變，連內心也會變得正向，但卻無法持續。

「『負面情緒』不也經常成爲你的助力嗎？不管是好的時候，不好的時候，你最需要做的，就是清理。」

一直以來，博士的話總是爲雙腳懸空的我帶來新的方向。不管是什麼樣的工作（不管我喜不喜歡這份工作）、和什麼樣的人在一起（不管我喜不喜歡這個人〉，我最需要做的都是先找回「眞正的自己」，而且是藉由清理來進行每一個瞬間的動作找回自己。即使不採取什麼特別的行動，不須將工作或面對的人換掉，就可以在眼前、在這個地方開始。博士口中的「眞正的自己」，指的應該就是清理每個瞬間所湧現的情感、在每個時刻找回的自己。

「清理眼前所發生的事情，例如突然浮現了想要打掃房間的念頭，便清理這個想法，一邊採取行動。隔天當你在公司上班時接了一通電話，說不定就會在無意間聽到讓你找回自己的一句話。你不會察覺清理的結果讓你消除哪一段記憶、帶給你什麼，但你都能在每一個清理的延長線上，慢慢找回眞正的存在和光芒。」

沒錯，不用想辦法勉強認同自己或是喜歡自己，我最先會做的，就是一邊默唸「謝謝你，對不起，請原諒我，我愛你」，一邊進行清理。

只要握住了清理這個舵，很不可思議的，我的心和身體都會變得非常平靜。只要想到自己還有一個可以持續一輩子的任務，就能感覺到彷彿寒冬中的暖被一般的安心感。

不需要期待他人的評價，也不需要和他人比較。只要在自己所處的環境裡，一個人就可以進行這個動作。但你需要夥伴，這個夥伴就是內在小孩，他會告訴你新任務是什麼，也就是應該消除的記憶是什麼。

舉個例子來說，當你感覺房間很亂，準備開始打掃之前，先說句「謝謝你」並馬上進行清理。打掃途中覺得很煩的時候，再進行清理。打掃完覺得很幸福，或是無意間看到懷念的照片而覺得感傷時，便再進行清理。

一邊重複對著當時的體驗唸出四句話，一邊藉由清理找回自己，而不要被記憶拉著走。如此一來，就會感覺彷彿自己正被帶往「真正的自己」，彷彿被一股強大的力量所擁抱。

每個人的狀況或年齡不同，在人際關係和工作上能力難免有局限，機會也會有所限制或不同，但不論到了什麼年紀，我都有最優先該做的事。

即使環境和時代一直在變，仍然可以持續不間斷。

「爲什麼必須找回『眞正的自己』呢？那是因爲當你內在的家人，也就是心裡的另一個自己不完整，人類這個家也會不完整而無法成立。如果內在的家人能維持在完整的狀態，也就是活出『眞正的自己』，光是這樣就能充滿能量。

「平靜從『我』開始。不管現今的社會中發生了什麼新聞事件，應該有一種和平只存在於你心中，那是一種眞正的和平。」

只要集中精神在自己的工作上，即使不刻意做任何改變，在職場和人際關係中也隨時都會產生變化，獲得新的機會。或許也可能發生衝擊很大的事情，但做完了只屬於我的工作（清理），再次著手眼前的事物之後，會發現已經有道路在前方開展。

即使我以爲自己已經跌入谷底，也都能感覺到有一束光照映在需要進行清理的事物上。

於是以前不認識的人或是沒有意識到的人，便會出現在我面前，雖然這份工作是我本來很討厭的，卻能自然而然地放開目前非常適合我、本來緊抓住不放的工作和任務，往下一個階段邁進，於是自己可以很自然地擴展、連結到更多地方。不管是沉浸於喜悅中，或是深陷在痛苦裡，清理這項工作一直都在等著我。說不定這項工作比其他任何事情更有魅力。

每次看著博士，都覺得他的眼神彷彿在問我：

「你是否確實進行清理了呢？」

這時，我都會有一語驚醒夢中人的感覺。

修藍博士的自我清理話語

你的個性是來自於記憶嗎？

你是因記憶而生嗎？

如果是的話，那我有個更好的方法，
那就是一邊進行清理，一邊慢慢放手。
這麼做的話，你真正的生命就會散發光芒。

這個光芒不會犧牲任何人，
這個光芒不會讓任何人感覺寂寞，
這個光芒首先可以讓你的內在小孩感到幸福。

並不是為了這個世界。
並不是為了任何人。

當內在小孩獲得滿足時，靈感就會出現。

靈感能讓你幸福滿滿。
當你在靈感裡點了一盞燈，
你就成了在宇宙間遊蕩的所有靈魂的燈塔。
首先，就從自己開始。

雖然心中堆滿了許多問題與記憶，但現在這一瞬間卻是如此美麗

有一次我陪博士到沖繩那霸演講，距離正式開場還有一點時間，所以我和博士一起到附近的海邊散步。夕陽從雲端探出頭，在海面上反射出美麗的光芒，映射出一條耀眼的道路。

在這麼美的景色中，我努力想為博士拍一張美美的照片。包圍在博士四周的寂靜，使我充滿好奇心的視線穩定了下來，於是我放下相機，望向海灘。

海灘上施工的工人們剛好進入休息時間，正在喝茶、看海。這些工人身後有一個穿得破破爛爛，臉上卻畫著大濃妝的老奶奶。

她似乎並沒有在看海，只是皺著眉頭，手伸進包包裡不知道在找什麼。看著這個景象，我開始靜不下心，不自覺想起了已經過世的外婆。

在我出生之前，外婆就已經是個事業非常成功的企業家。家中老舊的相簿裡，放著好幾張外婆和前來請益的名流的合照，照片中的外婆看起來彷彿好萊塢女明星一樣氣派。

但，在我的記憶中外婆是個非常寒酸的人。不斷經歷重大失敗之後，給家人帶來很多麻煩，而且總是口出惡言、低著頭不知道在擦拭什麼東西。

每次提到外婆，家人就會吵架。小時候我很害怕待在那個又暗又寂寞的家裡，但又害怕我不在家時會發生什麼嚴重的事情，所以有事出門時總是提心吊膽，又氣喘吁吁、急急忙忙地跑回家。此刻，不知爲何我突然想起了這樣的外婆。

回過神後，我轉頭看向博士，他還是維持剛才的姿勢看著大海。

不知不覺中，博士的身邊聚集了幾隻白色的鳥，靜靜地把身體埋進沙子裡。

荷歐波諾波諾認爲，眼前所見的景象就是記憶的重播。

雖然身處於同一個海邊，但博士在眺望美麗的海洋，就連鳥兒們也安心地打著瞌睡。但我卻想起了以前的事，陷入情感的鴻溝而忐忑不安。

當時的我，正在清理眼前所見、心中所感。不知爲何眼前這個未曾謀面的老奶奶和已經過世的外婆形象重疊了。接著，我也鮮明地想起了自己長年以來對金錢的恐懼和執著，所以我也進行清理。

當時因爲自己的無能爲力，使我不斷地責備自己，於是我重複對此事說：「謝謝你，對不起，請原諒我，我愛你。」

接著我突然想起了一件事。

當我還是國中生的時候，外婆對我說：「隨時都要保持優美的姿勢。因爲從優美的體態中可以窺見許多優美事物，將來都可能成爲你的助力。」

當時的我，一定懷著恨意吧，心裡只是想著：「你居然還敢這麼說。都是你害整個家族吵鬧不休，而且你還每天駝背、低著頭。」

即使如此，當時外婆所說的這幾句話還是穿越時空，在這個瞬間傳到身處沖繩的我的耳邊，我不禁挺直了身體。

不知道是不是察覺了我的舉動，穿著破爛的老奶奶對我笑了一笑。她的笑容非常清爽，飛快地傳到我的眼前，讓我感覺放心，心情也變得開朗起來。

博士拍拍我的肩膀，對我說：

「雖然我心中堆滿了許多問題和記憶，但是現在這一瞬間卻是如此美麗。」

我不知道博士這麼說有什麼特別的意思，但這其實是個讓我改變意識的體驗。不管是多小的事情，我都會坦率地清理眼前所見的事物，結果一直以來，我放不開的那些像大石頭一樣沉重的記憶，就突然咻地一聲消失，我似乎又能連結到眞正的自己了。

就算外婆已經過世，在我進行清理之前，只要一想起外婆，她還是個令人感覺丟臉的存在，讓我心裡某個角落蒙上陰影。

但是經過那次在那霸海邊的體驗之後，這樣的印象突然有了轉變，外婆的存在似乎變成了我的護身符。

回想起這件事，就會覺得全身充滿了力量。

這並不單純是因爲自己變得正面，而能夠美化已經過世的外婆。因爲如果是這樣，之後再聽到家族成員不斷重複外婆那些不堪的過去，這個效力應該就會消失了。

因爲我不斷地進行清理，所以藉由外婆所看見的那些長年以來的記憶被刪除了，我感受到原本應該存在於我和外婆之間的完美關係中，光芒穿透進來了。

雖然那些悲傷而落寞的記憶現在仍然偶爾會被播放出來，但只要藉由清理來消除這些記憶，總有一天我就能再遇見「眞正的外婆」。

「開心時的你，並不是眞正的你；鬱悶時的你，也不是眞正的你。不管開心或是悲傷，感動或是憤怒，都是你的內在小孩展現給你的記憶。現在就進行清理，回到歸零的、眞正的自己吧。」

關鍵在於清理「現在這一瞬間」。
只要消除記憶，你總是能遇見眞正的自己。

修藍博士的自我清理話語

即使是一小片珊瑚的殘骸裡，也蘊含了幾百萬個生物和關於他們的死亡記憶。
而在你的一個體驗裡，也播放著數不盡的記憶。
即使你將其視為秘密，內在小孩也會老老實實不斷地播放，
直到你割捨這段記憶為止。
任何時候都不能忘記，問題的原因其實在你心中。
拯救自己，就是拯救母親。

拯救自己，就是拯救孩子。
拯救自己，就是拯救公司。
拯救自己，就是拯救地球。
你和我，我們每一個人都是人類的代表。

究竟要有怎樣的夥伴，你才會覺得滿意呢？

想像完美人際關係的時候，我都會先想像最完美的理想對象，例如理想的家人、理想的情人、理想的朋友。但不管我想像得多麼具體，卻從來沒有遇見過這樣的人。既然如此，我便去參加增進人際關係、或是學習與家人保持適當距離的研討會。

我也曾經試著不管再怎麼累也要增加與朋友見面的頻率，或是努力談一場新的戀愛。但不管我做了多少努力，內心深處總還是有一點無法抹去的不安情緒。

就在對人際關係感到疲累的時候，我認識了荷歐波諾波諾。剛認識博士時，他問了我這麼一句話：

「擁有怎樣的夥件，你才會覺得滿意？」

能讓我覺得滿意的夥件，必須要：不說謊、隨時都和我在一起、為人正直、永遠都很溫柔體貼、不論任何時候都最愛我、不生氣、不命令我，還要守信用，如果能隨時稱讚我，就更棒了！

明知這些條件是不可能的，但如果可以隨我開條件，能夠有這樣的家人、朋友、情人，人生就太美好了。

我有點難為情地把心中認為的理想對象直截了當告訴博士。心裡想著，說不定博士可以告訴我如何找到這麼理想的對象！

「這是內在小孩要傳達給你的訊息。」

博士只說了這麼一句話。雖然沒有聽到期望中的答案，讓我有一點小小失望，不過我也同時在心裡重新思考了一下自己對別人要求的條件。

「不說謊；不管我做了什麼丟臉的蠢事，也願意一直陪在我身邊；不求回報、溫柔地對待我；就算我醜態盡出，做盡蠢事時，也不特別在意、不會感情用事地動怒；不管多忙、無法陪在我身邊時，也不會忘記我，會一直把我放在心中最重要的地方。」

「當你對其他人抱持不滿、感覺不完整時，那就是內在小孩要傳遞給你的寶貴訊息。你要睜開內在之眼，察覺這件事。在這個世界上，沒有人聽不見內在小孩的聲音。內在小孩一直藉由你的情感和體驗，不停地在和你說話。」

以前，我總覺得自己聽不見內在小孩的聲音。

我一直以爲必須長年進行清理，內在小孩才會對我說話。但是誠如博士所言，其實我一直可以透過對別人有所求、有所期待時所發出的情緒或語言，聽見內在小孩的聲音。但我卻總是因爲怕丟臉、認爲這種情緒是多餘的，而忽視它的存在，或是反過來被耍得團團轉，無視於內在小孩的聲音。

「當你還是原本最純眞、處於零的狀態時，不管何時、何地、和誰在一起，你都能滿足於完整的關係。當你感覺和某人之間出了問題、感覺有所不足、沒有獲得滿足的時候，希望你能立刻想起內在小孩的存在。

「這時內在小孩說了什麼話呢？是內在小孩讓你看見和這個人之間的人際問題所在。只要這麼想，應該就會知道該和他說些什麼了。我都會跟內在小孩說：『對不起，一直以來我都忽略了你的存在，請原諒我。』

「一旦內在小孩和你一起找回完美的夥伴關係，你就能在外也體驗到這層關係。」

我總會忘記和內在小孩說話。每當發生問題時，我總是先找自己信賴的人商量，並請對方提供建議，或是用金錢、工作、朋友、興趣、旅行、情人等自己以外的人事物來解決問題。

忙得暈頭轉向的時候，我就完全忘記內在小孩的存在了。相反地，我對內在小孩所說的話，都是失敗時對自己的責備。

「爲什麼我只會做這些丟臉的事！」

「爲什麼會失敗呢？」

「啊，不管我怎麼做，都像笨蛋一樣。反正沒有人會愛我！」

仔細想想，一直以來我都忽略了自己的一部分，也就是內在小孩，對他口出惡言，使他受傷，不知道自己究竟爲誰而活。

「內在小孩就是你自己，你可以靠意志力給予自己想要的東西。這一點千萬不能忘記。只要誠實面對自己的內在小孩，只要一次，你就能同樣誠實地面對其他人和生活環境。」

如果對他人有所求、對外的關係有不足的地方，可以先試著把這些想法與內在小孩分享。

例如，當你感到孤獨時，就可以花一些時間好好地在公園裡和內在小孩獨處。在看電影、讀書之前，或是看完電影、讀完書之後，對內在小孩說句「我們一起進行清理吧」，只要這麼一個步驟，結果就會完全不同。

所有湧現的情感，都是內在小孩的聲音。請你仔細傾聽內在小孩長久以來想要什麼。

「內在小孩是一個極具幽默感、很棒的藝術家，是最棒的朋友。當你找回與真正的自己、也就是內在小孩之間的連結時，就能在各種不同場景體驗到這件事。」

在認識荷歐波諾波諾之前，待在人群之中會讓我覺得非常痛苦。但又很害怕自己一個人獨處會引人注目，就會不斷地想要找出「能和我相處融洽的人」。

話雖如此，但我也很不擅長和人約見面。從小學開始，即使和感情很好的朋友約好見面，越接近約定的時間，我就會突然覺得麻煩，甚至覺得害怕起來。

「『一個人』絕對不是悲傷、無聊的事。當你內在的三個家人聯手並肩的時候，才是你第一次體驗『一個人』的時候。

「但這並不是你自己理智上所理解的『孤單一人』。

「這時你才終於可以了解『一個人』的狀態才是至高無上的最佳狀態，知道沒有任何東西會阻礙你們，讓你懂得感謝任何人和體驗帶給你放掉記憶的機會。」

長年以來，我心裡的某個角落都一直認爲「一個人」是寂寞的、難爲情的。不管是書裡或是瑜伽課程，都告訴我們要享受一個人的時間，所以我應該會覺得一個人獨處是很舒服的。但是無意間體驗獨處時，卻還是會覺得孤獨感在心裡蔓延。

小學低年級的某一年暑假，爸媽送我去參加爲期兩週的露營活動，一直到活動結束，我都沒有交到朋友。

回家之後，爸媽迫不及待想聽我分享露營中所發生的事，爲了不讓他們失望，我甚至編故事騙他們，這種悲哀的心情，比露營那兩個星期的孤單更讓我不舒服。

但是現在的我認識了清理這項工具，博士的話讓我想起從前的自己，於是重新對內在小孩說：

「謝謝你讓我看到這些孤單的想法，長久以來我都沒有注意到你，對不起。」

「你會出現在並非眞正的你所在的地方，純粹是記憶的重播。某些人被你吸引，是因爲你的內在小孩感受到幸福。大家都被你所體驗到的幸福所吸引，才會靠過來。因此如果現在的你正感受孤單，就必須先滿足自己與內在小孩的關係。」

一直到現在，和人見面之前我都一則以喜、一則以憂，有時候也會無意識地以裝扮和言行舉止來吸引別人。不過現在一旦發現這點，我會留意叫自己馬上回到內在小孩的身邊。

例如當我有機會認識新朋友時，在尋找可能和自己合得來的人之前，我會先和內在小孩站在一起。與人分離時，在花時間和精力排解分離的悲傷之前，我會先和內在小孩說：「這份緊張和悲傷已經累積很久了，我們一起進行清理吧。」

這樣做了之後，我就能感覺到那股激動和痛苦就會放鬆而且變得柔和，讓我感受到自在的舒適感。不可思議的是，接下來就會遇到很多事情（而且幾乎都是很棒的邂逅），或許是新朋友、興趣或是棘手的問題。但不管任何時候，只要再一次傾聽自己的聲音，回到「一個人」的狀態，就能發現這個呈現在眼前的無限連結。

「就算你不特別說你自己的事情，只要和內在小孩在一起，對方就會注意到你、傾聽你的聲音。不管是約會、面試或是開會時，即使你不過度裝扮自己、不用說太多話，只要和內在小孩在一起，你就能做眞正的自己，對方也會感受到。就連表現不好的地方、忘記傳達的內容，對方也能接收到。所以回家的路上你不需要責備自己，也不需要後悔。」

修藍博士的自我清理話語

「Love・零分」

你看過網球比賽嗎？

網球的計分形式有Love（零分）、十五分、三十分、四十分。比賽就是從Love＝零分・愛開始的。

現在試著用荷歐波諾波諾的觀點來思考一下Love這個字。Love表示的是沒有分數的狀態，沒有獎金、報酬和得失、無的狀態。愛會帶我們回到捨棄一切、什麼都沒有的狀態。

Love是零，是帶領我們這種獨立的人前往愛的那種無的狀態，前往無、也就是所有狀態、前往整體（wholeness）。

想要到達完整的整體，必須經歷將憤怒、恐懼、自責、責怪他人、怨恨、使自己痛苦的想法、有害能量歸零的過程，也就是清理。

怨恨的情緒和想法會使我們的心支離破碎，使我們的身心陷入不協調或身心不適。

人生的目的、生命本來的意義，在於回到愛的本質。

並非在未來的某個時候，而是在現在這個瞬間回到愛。

Dr.Hew Len's Message Board

修藍博士經常親手描繪幽默的圖畫來說明荷歐波諾波諾。
現在就為各位介紹其中一小部分。

1 當內在小孩裡的記憶被重播時，你正在看著記憶（memory，以下簡稱m）。如果這時不進行清理，你就無法透過「m」和任何人連結。

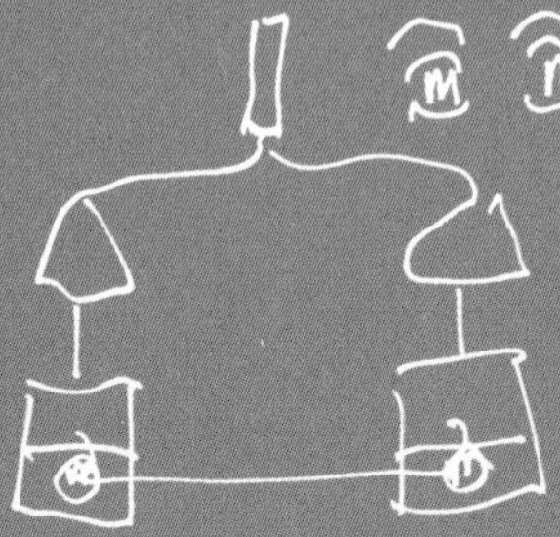

2 進行清理之後、從「零」當中獲得靈感時，你是透過靈感看著外面的世界。這時你可以透過靈感和任何人連結。

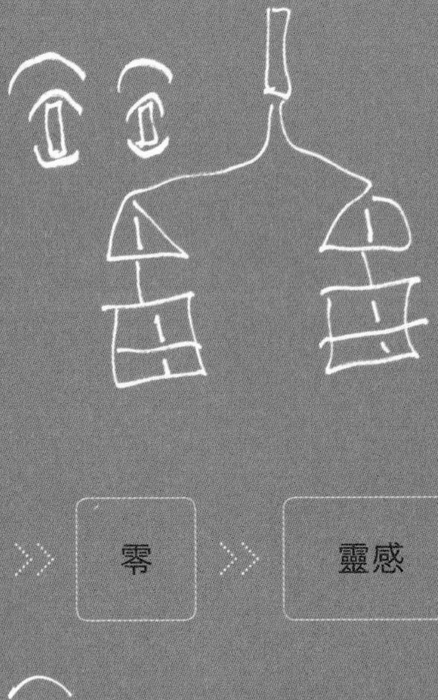

3 清理的過程

m >> 零 >> 靈感

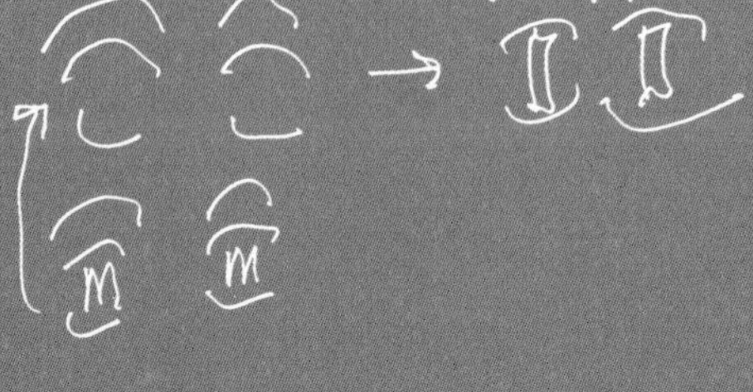

4

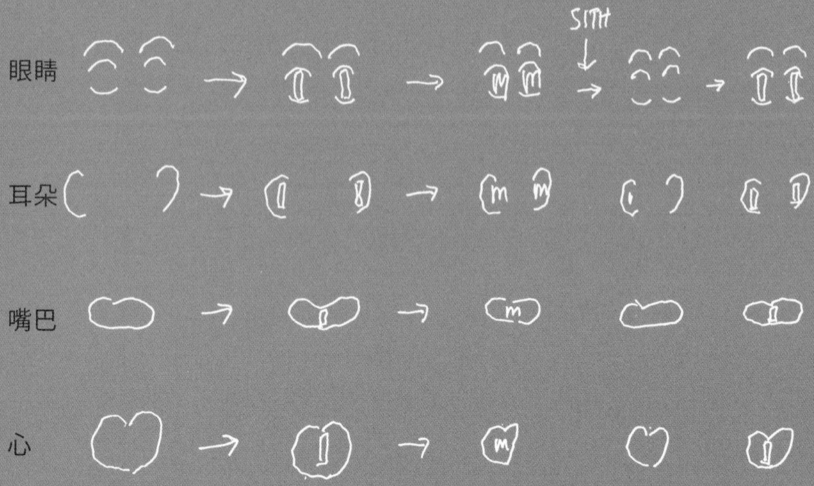

應該進行清理的時機

本來是零 >> 這時可以看見靈感 >> 記憶被重播 >> 零 >> 靈感

5

所有的原因〔記憶的重播〕 >> 結果〔例如以疾病等結果展現出來〕

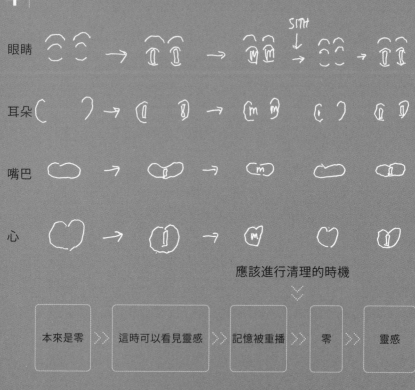

善待自己，就是對神性的感謝

家人發生問題的時候，我做任何事都不開心。家人生病的時候，我從早到晚都掛念著。當我沉迷於某件事而忘記家人時，又會覺得很有罪惡感。工作時也會不時想起這件事，使心情好像籠罩著烏雲。這種時候，博士會對我說：

「善待自己、愛自己，就是對神的感謝。不管發生任何事，首先就是照顧自己的內在小孩。也就是花很多時間和自己相處，盡情活在當下的這一瞬間。這麼做就是打從心底將『謝謝』傳達給萬物的源頭，也就是偉大的存在。」

我發現當「擔心」這個記憶被重播時，只停留在擔心且將這擔心錯認爲關心，而使我們忘記該做些什麼，甚至會忘記內在小孩的存在。

就算家人正爲某事煩惱，還是可以持續進行清理。不管是去探病的時候、拍拍家人的背給予安慰的時候、在便利商店選購果凍當作伴手禮的時候，我都會在心裡對著這個體驗到的問題說「謝謝」。

和朋友度過開心的時光後，就清理這份「快樂」。回家的路上如果心神不寧，我會不斷唸著「謝謝你，我愛你」。我會把重複執行這件事當作自己的責任。

「你以爲自己感覺幸福的時候，就會爲某人帶來困擾、讓某人難過，也會讓某些人怨恨自己，但這些都是你的幻想。當你的記憶被抹去、和眞正的幸福共處時，也就是讓你的內在小孩感受到『幸福』與愛的時候，出現的就只有和諧。很多人會因爲過去的記憶而對幸福抱持著恐懼，爲什麼感謝神還需要抱持著罪惡感呢？」

聽了博士這番話，和自己獨處並進行清理的時候，我開始可以對偉大的存在說「謝謝你」……發現了這點之後，長久以來存在我心中的不安和罪惡感便消失了。

在這同時，一位受心理問題所苦的家人就恢復了健康，對於一些小事也能發現並感受其中的美好，也自然開始喜歡品嘗對身體有益的食物。

「現在就對讓你的靈魂蒙上陰影的自我否定進行清理吧。」

透過與家人之間的關係、家人受疾病所苦的體驗，就會在不經意中發現偉大的存在正靜靜地對著我們做工。

以前我從醫院回家時，總是抱著沉重的心情，拖著沉重的腳步，現在的我，已經可以感受到對家人由衷的感謝，和與他們共處時的喜悅和快樂了。

這個時候我不得不感謝，那是一種讓我想要對這個看不見的偉大存在大聲說出「謝謝你！」的體驗，這個體驗來自於我的記憶（也就是家人爲疾病所苦的現實體驗）受到清理而來。

「每個人都有神性。神性會把完美的東西送給我們每一個人，所以你可以放心，專心從事你的工作。」

博士的這幾句話，讓我察覺了和最愛的家人之間眞正的連結。而且這位罹患重病的家人隨後停用了那個醫生說「絕對不可以停止服用」的藥，身體也沒有大礙。

修藍博士的自我清理話語

容我再重複一次，請大家優先善待自己。
其他的任何事情都擺在後面。

如果因此感到罪惡感，
那就是你的內在小孩以及整個宇宙都想要放手的痛苦記憶。
我都知道。

最善待自己的人，
會比任何人更善待大自然、身邊的人及生物、家庭等所有存在，
也會是一個仔細以愛對待所有事物、最棒的藝術家，
更是一個極富教養、充滿愛心，有如天使一般的人。

當你的內在小孩知道自己是被疼愛的，
就會帶給我們最棒的想法。
會在最完美的時機點，為我們準備好最完美的環境。

所以我們要善待自己。

你向外在所期待的東西，現在馬上就能從自己身上獲得，
那一定是自由、愛與平靜。

當你在內心體驗到愛的時候，
只要你的一句話，就能將愛的種子傳播到需要的地方。
當你在內心體驗到平靜的時候，
只要你的一封郵件，就能將平靜的種子傳播到需要的地方。
當每個人都能找回真正的自己、對自己的幸福負責時，就能將荷歐波諾
波諾的清理過程傳達到宇宙的任何一個角落。

只要你找回真正需要的東西，
身邊的人也能找回。

時間也有自性，若你不好好珍惜，時間就會溜走

有一次我和博士約好見面，卻不小心遲到了。我的腦筋一片空白，心裡感到焦慮和抱歉，見面之後只是不斷對博士道歉：「我遲到了，眞的非常對不起！」

博士認眞地看著我，對我說：

「你應該道歉的對象不是我。如果要道歉，就對時間和內在小孩道歉吧。

「如果你不擅於管理時間，或許就表示因爲時間不受你重視，而正在排斥你。」

那時我突然明白了。即使不怎麼忙的時候，我也常常覺得時間不夠。明明一邊準備外出，一邊盯著時鐘看，整天的計畫大致上也已經規畫了，但卻沒辦法妥善地分配時間，很多該做的事卻被拋到腦後，結果總是隨時處於焦慮中，常常被朋友說：「你怎麼總是慌慌張張的？」

而當我待在不舒服的地方時，我也經常在心中默唸著：「拜託時間過快一點，快點結束吧！」不管是哪一種狀況，時間和我之間的關係似乎稱不上太好。

「對自己來說，如果不清理獲得這一瞬間這件事，時間就會覺得『我在這裡沒辦法呼吸了，我不想待在這裡』，然後逃離你身邊。時間這個自性，就無法帶你到本來想引導你前往的地方，而失去了它的作用。時間本來是非常豐富、極富創造性的東西，但是因爲你不願意捨棄『過去』，所以時間本身也就動彈不得了。」

關於時間，博士是這麼告訴我的。

時間和我們一樣都是有意識和記憶的，我們捨棄的記憶同時也會被時間排除在外。

相反地，如果我們不願意盡自己的責任，對出現於眼前的事物內在說說話，也不願意放掉該割捨的記憶，那麼時間甚至無法發揮原本該有的功能。

「如果不好好對待時間，你就會失去在這個世界裡的方向。

「被時間嫌棄的人，不管走到哪都找不到屬於自己的地方。以敷衍的態度對待時間，宇宙就不會再給你時間了。

「如果你有過總是無法妥善管理時間的體驗，可以試著多加留意日常體驗的清理。

「例如用餐途中聽到隔壁座位有人在吵架、最喜歡的店這一天突然公休了……藉由逐一清理這些日常體驗到的小事情，被記憶所攔阻的事物便會重新釋放出來，並且回到原本的平衡狀態。當然你和時間的關係也是。」

不管多麼小的事，都會跨越時間進行連結，並且在目前這個瞬間的體驗中被喚起。你不需要在腦子裡進行「這個記憶需不需要清理」的篩選。

早上起床之後，就清理當天已知的行程、清理每天搭乘的電車、清理偶爾看向時鐘時眼前所見的事物……

博士告訴我，最重要的是「現在」清理這個時間所帶給我們的事物，這就是向時間這個自性致上最大敬意的方法。

「如果覺得時間過得太快、太慢，就試著對這個體驗唸出那四句話吧。當你因爲進度比預定時間提早結束而感到開心的時候，不妨在心裡說出「我愛你」。今世應該清理的記憶是你和時間共同擁有的，同時也是因爲有時間才能讓你表現『自我』。」

和時間之間的清理才剛開始。對我來說，這將是最大的課題。

我真的常常受控於時間而有想哭的感覺，這時我會一邊進行清理，一邊感謝內在小孩藉由時間所展示給我的一切，並一點一點地找回眞正的自己。時間，謝謝你待在我的身邊。

修藍博士的自我清理話語

請著眼於你的生命。
不要在內在小孩展現給你的故事裡迷了路。
隨時都要在心裡的某個角落裡記住這件事，
要記住，你所體驗的每一件事，都是為了找回真正的自己的片段。
現在就在你的內心裡蓋一棟屋子吧，
一棟可以養育你、帶給你恩惠的屋子。

安定（stable）

安心（secure）

平靜（peace）

這棟屋子是由這三個元素所組成。

內在小孩是最棒的藝術家，會在每個瞬間帶給我們將記憶放手的機會

某天我在博士投宿的飯店裡看見了一幅畫，不禁稱讚：「好美喔。」博士聽到後，笑著對我說：

「你的清理進行得很順利吧。想必是內在小孩展現在你面前的這幅圖畫，帶給你清理的機會吧。」

沒錯，我的內在小孩經常會將各種訊息和記憶展現在我面前。

記憶並不是只會將悲傷、痛苦的問題展現在我面前。很多令我感動的「記憶」也會帶給我放手的機會，例如優美的音樂或繪畫、攝影作品或喜歡的神

話、美食或電影等。

「就算是一個顏色，如果那鮮豔的色彩能打動你的心，那麼這也是內在小孩將你過去曾經體驗過的記憶帶到你面前的一個訊號。」

即使你沒有意識到這個訊號是「爲了清理而發生」，但只要率直地感謝內在小孩讓你看見它，當內心有所反應時，感動的瞬間、感性啓動的瞬間，龐大的記憶就會再出現於眼前。

所謂清理，並不是要求你捨棄情感、面對任何事物都不動如山。看著博士，我有了這樣的想法。因爲博士本身就是一個很喜歡講笑話、帶給大家歡樂、每天欣賞並享受繪畫和音樂、充滿魅力的人。

「因爲我們無法完全清理乾淨，所以才會想起一些往事或發生某些事情。因爲有記憶，所以我們才會旅行、聽音樂、和人說話、與人分享。

「而且這並非壞事，因爲這只是藉由很多型態體會到清理的機會，所以不需要認眞思考，只要率直地進行清理就好了。這是最大的訣竅。」

不知道大家是否曾經在旅行時突然想起不相關的事？我總是在旅行途中想起好多事情。如果是以前的我，應該只會沉浸於傷感的情緒而無法自拔，但認識荷歐波諾波諾之後，我便了解這是內在小孩想藉由旅行而帶給我清理的機會，因此我會坦率地接受並進行清理。

例如最近發生的這件事——

造訪歐洲時，我走在巨大鐘乳石洞裡，突然想起了叔叔的前妻，而且形象非常鮮明。因爲我本來完全沒有意識到這件事，突然再想起她，使我有一點開心卻又有點難過，因此我把所有的情緒進行清理。

「內在小孩，謝謝你讓我看見這些在我心裡還沒有被消除的記憶。嬸嬸，謝謝你在我小時候到你家玩時做好吃的料理給我吃，還這麼照顧我。」

鬱悶的心情一下子變得神清氣爽，我帶著舒適的心情走出鐘乳石洞。

這趟旅行平安地結束了，大約半年之後，家族成員安排了另外一趟旅行，到西雅圖拜訪居住於當地的叔叔。

見到叔叔之後，大家發現叔叔的生活有了很大的變化，都非常驚訝。

原本頑固而又充滿負面想法的叔叔，現在變得非常開朗又可愛，看起來非常快樂。他搬到了一棟樸實的房子，和非常棒的新太太每天過著開朗的生活。就和我透過叔叔的前妻所感受到的靈感一樣。後來在叔叔的提議之下，我們大家一起到隔壁鎮的叔叔前妻家喝茶，使我有機會當面向嬸嬸道謝。

不久後，叔叔的前妻照顧了罹患心臟病的祖父，直到祖父過世爲止。如果當時我沒有清理關於叔叔前妻的情緒，只是逐漸和她疏遠，那麼對於她願意照顧沒有血緣關係的祖父這件事，除了感謝之外，應該還會抱著一點後悔和抱歉的不安情緒吧。

在嬸嬸多年的照顧之下，祖父臨終前的面容非常安詳，是我不曾見過的，使整個家族也都能以平靜的心情面對祖父的死。我也才終於能帶著笑容、由衷地對嬸嬸說了句「謝謝你」。

當然我無法得知清理之後會發生怎樣的結果。但是卻有過很多次當場清理浮現出來的記憶之後，就會再以不同形態取得平衡並展現出來的體驗，彷彿是給我的回報一般。

「我們無時無刻都處於與內在小孩的記憶『相遇』的狀態。而我們同時也在每一個瞬間都被賦予『清理』這個最棒的工具。於是我們可以從中選擇豐富、平穩與愛。」

二〇一一年三月，我和博士第一次到台灣演講時，曾經抽空到故宮博物院參觀。約定好集合時間之後，大家就解散、各自行動。

終於得以一償宿願到故宮參觀，所以我的心情非常雀躍。看到博士在欣賞一尊馬的雕像，我開始到處看看。

兩個小時之後我回到同一個地方，博士還在看同一尊雕像。

就連當天和出版社工作人員聊天時，博士也聊起這尊雕像。喝茶時又問了一次這尊雕像所在的博物館名稱。

博士的內在小孩究竟從這尊沒能讓我多看一眼的雕像中，傳遞了什麼樣的訊息給博士呢？

博士經常會像這樣停下腳步，針對很多我不會特別注意的東西，認眞地進行清理。

例如某個地方鄉鎮的美術館裡的一幅畫、被海浪沖到岸邊的海菜堆、日式茶屋所端出來的小杯普洱茶的表面。

雖然博士的樣子看起來只是盯著某樣東西看，但我知道博士是在進行清理。這時我也會趕緊進行清理。博士清理完畢之後，會靜靜地抬頭看著我，給我溫暖的微笑，那一瞬間在我心中就好像寶物一般閃閃發亮。

修藍博士的自我清理話語

記憶並不是壞東西。
記憶並不是惡。
記憶其實經常支撐著我們。

但是如果我們不處理記憶，
就會迷失自己。

這就是悲劇的開始。

內在小孩是很認真的。
他會不斷地播放我們從某個時候開始累積的記憶。
他會不斷地重複、再重複這些沒人感興趣、沒人想多看一眼的記憶，
不斷改變型態並重新播放，直到你將其消除為止。

能將記憶送回記憶該存在的地方，
唯有表面意識，也就是你自己。
如果不從「我」開始，就沒有人能開始。

過於沉迷時，就聽不見內在小孩的聲音

和朋友相約見面時，即使不會特別和朋友講好，我通常也會自己先設定好離開的時間。但每次見面之後常會聊得太開心，所以時間快到之前總會告訴自己：「再一下下、再待一下下就好。算了，不要管時間了。」於是就常常順著當下的氣氛，多待了好久。

但是待太久之後，現場氣氛本來應該很開心的，卻變得和一開始見面時開心的感覺不太一樣。

前一秒還很平和、歡樂的空間，卻突然充滿焦慮、嫉妒、焦躁和不安。和朋友之間和諧的氣氛也會突然消失，甚至會感到厭惡……彷彿一過十二點就會馬上變回原形的灰姑娘，我曾經有過好多次這種體驗。

「不管多麼小的約定或想法，內在小孩都會聽到。你在心中低聲地說『如果能得到這個，那個就不要了』『如果這件事順利，我就相信這個』這類的想法、任何小事，內在小孩都聽得見的。」

某天博士這麼告訴我。當我們爲了開心到忘我的某些事情、熱衷於某些事情到了熱血沸騰的程度（像是逛街購物、旅行、沉迷於電視或網路的時候就是如此），就經常會忘記內在小孩的存在。

就算不開口和對方約定，也是在心裡決定好離開的時間，但只要開始打馬虎眼，破壞了一開始的計畫，還不斷對自己說「再一下子就好、再喝一杯就好、再一下下……」心裡就會感覺不誠實彷彿變成了一個黑色大石塊壓住自己，這其實就是內在小孩發出的聲音。

「不論何時，一切都取決於你如何對內在小孩表現誠實。不能因爲深陷在記憶中而忘記內在小孩。」

當然如果真的非常開心，繼續延長歡樂時光有時候是沒有關係的。

但我卻總是因為開心而忘我，就好像是中毒一樣。

「忘我」是一件很棒的事。但是因記憶中毒而體驗的忘我，和電腦使用過度或電視看太久而頭痛的感覺很像；和小時候在公園裡用盡身體、心理和大腦的力氣玩到忘我的狀態則是不一樣的。

「就好像當你痛苦時會和內在小孩說話一樣，不管是快樂或愉快的時候，都要記得讓內在小孩坐在大腿上，這樣的關係是最棒的。」

博士這麼告訴我。就算是為了某件事而忘我的時候，我們也可以和自己的內在小孩在一起。只要在短短的一瞬間、用力吸一口氣並清理眼前快樂的情緒，以及清理出現在心中原本的時間。

「當你爲了某件事情而太過忘我，內在小孩的聲音就無法傳到你耳中。而你將會失去完整的『一個人』，也就是『眞正的自己』。這時候你所感覺到的疲憊和憂鬱，都是內在小孩不想再和你在一起、想離開你的證據。」

當我因爲快樂的事而忘我時，其實是聽得見一些微弱的聲音，像是「啊，開始有點累了」或是「怎麼會有這種空虛的感覺」之類的。若你在忘我的時候也聽得見這個微弱的聲音，就要將微弱的聲音拾起並進行清理，就算只有一秒也好。

用腦過度使大腦呈現缺氧狀態時，我彷彿變成了記憶重播機器，似乎只是單方面將記憶強加在人或地點之上。一定是因爲這樣，我才會在開心過頭之後感覺空虛或悲傷。

不能只在需要的時候希望內在小孩回到自己身邊，而是應該做好自己的工作，讓他隨時待在身邊。

「現在這個時間和這些人在一起非常快樂，謝謝你讓我看見這一切。我覺得有點累了，這也是記憶的重播吧。現在我們就進行清理，一起決定接下來怎麼做吧。」

「對快樂的期待和對充實的執著，會讓內在小孩非常痛苦。」

博士曾經這麼對我說過。博士認爲當我們對於接下來的時間抱持特定的期待或執著而感到束縛時，照向內在小孩的光就會被遮蔽。這時就是清理當時所發生的事和當下感受的最佳機會。

內在小孩會讓我獲得所有訊息，會在任何時候爲我引路。但我越執著於快樂和充實時，內在小孩就越不願意參與我的人生。

不管是因爲「快樂」而忘我的時候，或是拖拖拉拉、發懶的時候，只要我能在清理的同時敞開自己的心，內在小孩就願意參與我的一切。

修藍博士的自我清理話語

今天就和內在小孩一起度過一整天吧，
試著讓自己成為內在小孩的保母。

開心的時候在一起，
悲傷的時候在一起，
生氣的時候在一起，
試著一整天都在一起。

你一定會聽到聲音，
因為你的心靈不會停止。
你的情感和思想，是內在小孩讓你看見的。

偶爾試著一個人到公園去。
為了感受真正的「一個人」，
獨自去公園體驗一下尤尼希皮里、尤哈尼、奧瑪庫阿一應俱全的
真正的「自己」。

映入眼簾的事物、
傳入耳內的聲音、
止不住的思緒、
寒冷、酷熱，
試著對內在小孩說說所有的體驗。
從清理開始對話，
試著配合彼此的呼吸，
HA呼吸法是和內在小孩之間最棒的溝通方式。

不論聽到的是愛或恐懼，
都要和內在小孩一起。
回家的路上也這麼試試看，
隔天早上也這麼試試看，
兩天後、三天後也要這樣試試看，
花費許多時間才終於遇見的內在小孩，
你可以選擇今後要如何和內在小孩一起度過。
你可以讓每個家人分散各地，
也可以牽著他們的手，將他們帶回真正的家。
當你和內在小孩在一起的時候，
光線才終於能照射在你身上。

比其他任何關係都重要的，
是你和內在小孩之間的關係。

ＨＡ呼吸法的妙用

ＨＡ呼吸法是一種任何時候都能進行的清理法。

每天早上起床後、下床前，我都會進行這個呼吸法。

以前的我，起床後總是覺得心情鬱悶，不知是不是因爲剛從睡夢中醒來，腦袋還沒開始運轉的關係，總覺得被內在小孩要我看的各種畫面壓得喘不過氣。但自從我開始實行ＨＡ呼吸法，釋放出的記憶似乎就回到了清理的循環之中。

每當我要到某個第一次造訪的地方之前，或是與某人（尤其是第一次見面的對象）見面、開會之前，只要做這個呼吸法，就好像是一個導正自己的軸心般的純淨儀式，對我來說非常重要。

做了ＨＡ呼吸法之後，被人牽著鼻子走、說錯話、緊張的狀況變少了。我體驗到這個方法對羞愧、憧憬、緊張、自卑感、自我表現欲等記憶特別有效果。

除此之外，對於離開辦公室之前（辦公室、辦公桌、辦公椅也都會體驗到當天被主管罵或焦慮不安的心情）、吵完架之後的房子（房間和家具都聽到了我們吵架時所說的氣話）來說，HA呼吸也很有效。

之前我曾經問博士：「你幾乎每天都在世界各地飛來飛去，不會因爲時差等狀況而感覺身體不適嗎？從很久之前開始，我就算只搭短程班機，下飛機之後身體也會痛一整天。」

博士告訴我：「你的身體的疼痛就是飛機的疼痛喔，而你和土地告別的時候也經常伴隨著疼痛。因爲我經常做HA呼吸，所以沒有任何問題。」

從那時候開始，每次搭機之前和搭機的過程中，我都會做HA呼吸。雖然身體的疼痛還是會出現，但下飛機之後的心理狀態已經比之前清爽多了。因爲在搭機過程中感覺就好像做了一次淋浴，舒服的狀態可以一直持續。

每當發生了讓人心痛的事情時，或是不小心看見類似的景象時，請盡可能馬上進行HA呼吸。這麼一來，你就能在這些故事想傳達給你的訊息之中，輕鬆地掌握自己能做的事，整理出一個自己能處於其中的環境，並自然地儲備做

基本姿勢

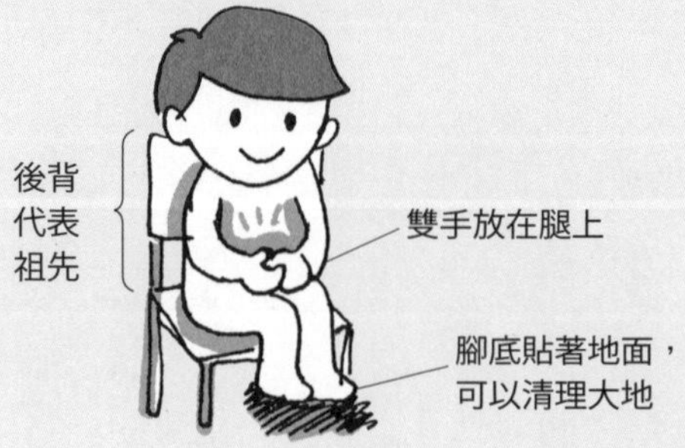

手的姿勢

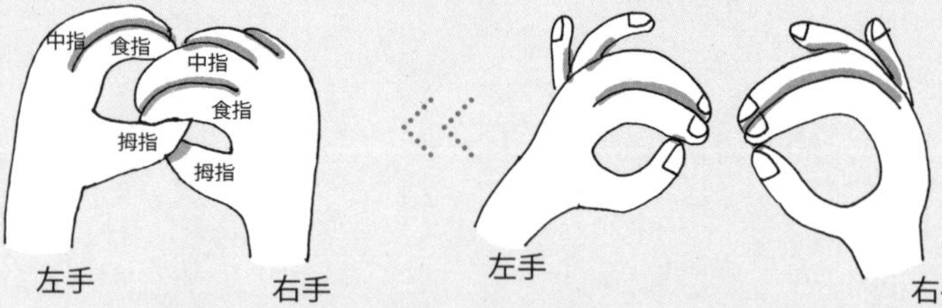

呼吸的方法

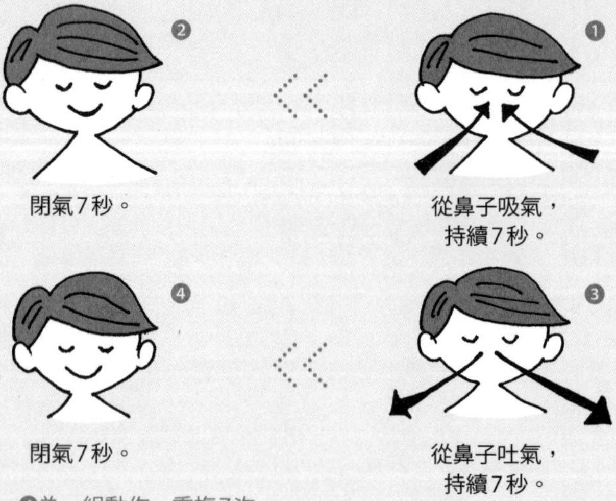

＊❶～❹為一組動作，重複7次。

這些事情所需要的活力。

我非常沒有耐性。雖然覺得很對不起身邊的人，但卻常常壓抑不了怒火，並感到痛苦而疲憊不堪。以前我總是無法控制這樣的情緒，但現在我會透過進行HA呼吸法，不是壓抑自己，而是將它轉爲呼吸。這麼做了之後，就一定會發現自己究竟是什麼樣的人。

當我感覺自己強求或想要得到某樣東西而熱血沸騰時，或是浮現想和他人競爭的心情時，我就會馬上進行HA呼吸。做完之後，通常就會立刻覺得自己似乎沒有想像中那麼渴望那樣東西。也經常在自己已經忘記那件事之後，不經意中就獲得那樣東西。

這是我最喜歡的清理工具，一定是因爲我能藉由「HA呼吸」感受到自己可以和內在小孩進行溝通。

如果你有呼吸器官方面的障礙，或是忘記數到哪個數字，就算只是在心裡想像「HA呼吸」，也能獲得相同的效果。大家也可以依照自己的節奏和韻律來進行。

爲了平息自己內在的戰爭，請清理批判的想法

博士到世界各地演講時，一定會詢問當地的工作人員這個問題：

「最近這個國家發生了什麼事？」

當他首次拜訪某個地方，也經常問當地人：

「這裡有著怎樣的歷史？」

世界上的任何一個地方，都有著屬於那片土地的歷史。

但更驚人的是，人類掌握了極其龐大的訊息。每個國家每天都被大量的新聞所淹沒，像是犯罪、名人的婚事、大企業之間的合併、政治舞弊、革命、災害、選舉、戰爭等。

很多遙遠的國家，我們雖然都沒去過，卻清楚了解當地發生的事件。當我們被問到上述問題時，反而很難回答「不知道」。雖然我們自己沒意識到、也沒特地查資料，但被問到這些事時，大量的訊息就會自然從口中不斷傾洩而出，彷彿機器人一般。

因此，就連之前沒意識到的情感也會透過語言展現出來，像是恐懼、憤怒、喜悅、感動、興奮、悲傷等。

博士聽了之後，這麼回答我：

「謝謝你讓我聽到，謝謝你讓我看到。謝謝你告訴我這塊土地在聽著什麼聲音、你處於怎樣的狀態、我的內在有著怎樣的記憶。」

博士絕口不提什麼好或不好。

「我的內在每一秒鐘也都有許多記憶被重播。即使是我沒有察覺的時候，內在小孩也都懷抱著數以億計的訊息。即使不是說給某些人聽，心靈也都會一直不停地說著令人難以相信的話。心靈一旦控制了自己，自己就只會以記憶去看、去聽、去說，進而將憤怒、悲傷刻畫在地球這片土地上。

「如果希望國家和環境處於自由，你自己就必須先自由。如果希望家族平靜，你自己就必須先平靜。

「當你覺得這麼一點芝麻小事都只是還在口頭上說說時，不知道有多少記憶已在你內心被重播了。受意識所控制的你，也不會察覺這件事和削減居住在地球另一側的人的壽命有何關連。

「大多數人都不知道，照亮你唯一生命的能量，足以扭轉整個宇宙。」

看了新聞之後，我們經常忍不住批評政治，或是覺得家人怎麼這麼頑固；看見身處困境的人，我們會覺得對方好可憐，而變得情緒化，無法停止對某個事件、某個人的批評。察覺這件事之後，我感覺自己似乎像囚犯一樣不自由，彷彿身體受到束縛。

「庫凱帕（Kukaipa'a）就是頭腦的便秘。便祕對身體不好喔，所以大地就藉由出疹來顯現。」

我不知道眞相。博士告訴我，這種「眞的不懂、不知道」的立場，在清理時是非常重要的。

所以，現在的我會盡可能在意見冒出來的時候，先清理自己。不管結果如何，這些都是內在小孩長久以來抱持的想法，所以現在輪到我進行清理。

這些在對方的內在所見到的想法，已經在我的內在累積了好幾個世紀。馬上清理我心中的這些批判是很重要的，甚至不需要強迫自己割捨。

「這麼做了之後，你該做的事情就會出現在眼前，像是做法、人物、訊息等，只有需要的部分會出現在眼前。這時你所表現出來的言語和行動會化爲靈感傳遞到應該存在的地方。不管任何時候都不可以忘記，『Peace begins with me.』——平靜從我開始。」

二〇一一年年中，我爲了工作，經常往返台日兩地。剛開始在台灣生活的時候，博士正好也到台灣演講。

自從第一次踏上台灣這塊土地以來，我就覺得這是一個充滿魅力的地方，讓我非常喜歡。但那時因爲語言不通的關係，使我的生活壓力達到最高點。

尤其我對餐廳的印象不是很好。雖然料理味道很棒，老闆也很友善，但我總是在心裡想著：「服務品質和日本根本就是天差地遠！」當時我試圖說服自己，那是因爲兩個國家的物價不同。

博士似乎看透了我在想什麼，於是對我說：

「現在就清理你的成見吧。如果你的心中有了『這個國家就是有這樣的地方、這個城市就是這樣的地方』這種情緒，就要積極進行清理，這麼做是很重要的。從你的記憶重播的判斷和思想，會阻擋對方表現出眞正的才華。你是爲了獲得清理的機會，才會來到這塊土地上。」

於是我逐一清理了對台灣的印象，同時也清理了對日本的印象。這麼一來，才發現自己原來對這塊土地有這麼多的批判。

當我在路上看到歐吉桑打麻將，我並不會認爲「歐吉桑開心地在打麻將」，而是會想成「台灣歐吉桑都喜歡賭博，所以今天也在路邊打麻將」。

甚至我還會想「如果是日本，就不會發生這種事」（明明日本也常報導舉發賭博的新聞）。每當我發現自己對眼前的事物冒出各種想法，就會開始重複說著「我愛你」。

某天我肚子餓，打算去那家已經去過很多次的餐廳吃點東西。在半路上想起了這家餐廳的店名和之前令人不快的待客方式，所以我進行了清理。

到了餐廳之後，出來迎接我的是之前經常遇見的店員。雖然是同一間餐廳、同樣的菜單、同樣的店員，但服務卻變得棒極了！雖然還是有之前那種散漫的感覺，但店員來幫我倒水的時間點很棒，我要求他爲我加入檸檬切片，他也會貼心地多放一片在小碟子裡一起送上來，還送上濕紙巾，讓我在擠完檸檬後擦手。雖然店員的服務還是有一點懶散，但這一天提供給我的服務水準，甚至超越三星級餐廳！

從此之後不管我去哪裡，都會先進行清理。

「那家豆漿店的食物雖然很好吃，但是店員講話好快、好恐怖喔~」每當我閃過這個念頭時，就馬上進行清理！於是我不只得到了快樂的外食生活，透過這個國家、這片土地，我還遇見了許多很棒的事、很棒的人際關係和遇見全新自己的機會。

我在台灣遇見了許多可愛的人，還有許多雖然不知道姓名、卻也會對我微笑的警察大哥。當我想家的時候，路邊的植物隨時以滿滿的暖意包圍著我。如果我沒有藉由清理打開心房，根本就沒辦法看見這些，當然也就無法知道，這些事物是如何豐富了我的日常生活。

「當你因某事而做反對運動時，首先要察覺這反對運動是發生在你的內在，是本來就存在的。如果你不斷貼標籤，就會不斷喪失自己所獲得的『瞬間』。荷歐波諾波諾就是找回這些失去瞬間的一種冒險。即使只找回一瞬間，也是非常有價值的。因爲只有『一瞬間』能帶給你安心、安全、創造力、生命力和美麗。」

修藍博士的自我清理話語

「你的意見和情感，其實就是你的個性吧？」

如果我這麼說，你覺得如何？

「你眼中所見的這個世界，就是你所擁有的一切。」

如果我這麼說，你會感覺憤怒、悲傷、喜悅和其他感受嗎？

你之所以為真正的自己，關鍵永遠都在這裡。

因為你隨時都在看、在聽、在說著一直以來累積的東西（記憶）。

不論是怎樣的存在，都具備了必要的獨特才能

用餐時的博士看起來比平常更自在，也更沉穩。

我偷偷觀察後發現，博士坐下前的一瞬間會先站住不動，看看椅子再慢慢地坐下。這些動作都在非常短的時間內結束，不會影響到身邊人的節奏，但我經常看著這一連串動作看到忘我。

餐點上桌之前，博士會不經意地看著眼前的銀製叉子、湯匙等餐具，餐點送到之後、開動之前，也會以溫和的眼神看向餐點、餐盤及後方的某些東西。

而且不管到哪一種餐廳用餐，他當然也都會雙眼看著餐廳裡的人、帶位的服務生、上菜的服務生，對他們說聲「謝謝你」。

博士的每一個動作都非常仔細，我甚至不曾見過他亂了整套流程。不管飯

後有多麼緊湊的行程等著他，用餐時的博士總是維持著相同的節奏，安排好的行程也不曾遲到。

某次大家一起用餐時，只有我點的菜遲遲沒送上來。我擔心會耽誤接下來的行程，所以想要取消，請服務生不用上菜了，但卻被博士制止。

「你是否清理了這家餐廳？是否清理了餐具、水和現在坐的這張椅子？」

當時我滿腦子只想著下一個行程，完全忘了這些事情。所以我連忙不斷地對餐廳的名字、現在眼前的一切事物還有自身的焦慮說「謝謝你，我愛你」。結果遲遲不來的餐點馬上就送到了，我不禁說：「簡直跟魔法一樣神奇！」大家聽到後都笑了。博士接著告訴我：

「這是因爲宇宙中的所有存在都很喜歡聽到『我愛你』這句話，但這樣的愛必須是沒有理由的。所有存在只是希望受到祝福，就像你希望受到祝福一樣。」

一直以來我都很習慣於「我愛你，因爲你好好吃」「我愛你，因爲你好方便」這樣的說法，所以博士的話讓我非常訝異。

課程中若有學員說他很難誠心地說出四句話，博士總會告訴他們「完全不需要誠心」。

當時我非常認同博士的說法。如果勉強自己一定要誠心說出這些話，我一定會接著想到「那是因爲」。所謂的清理就是要切割個別記憶的柵欄，回到原本自由的狀態。所以我才會爲了清理而說「我愛你」，並不是爲了成爲更好的人而這麼說。而對我的內在小孩來說，這些期待和意志是很沉重的行李。

「以『我愛你，因爲……』而連結的關係通常都伴隨著痛苦。難道是因爲某些理由而希望被愛？抑或是爲了待在無限寬廣的原來的愛身邊？」

因爲某些理由而被愛雖然令人高興，但卻很痛苦。我曾經有過這種痛苦的體驗。

「即使沒有人要求，所有的存在也都會連結到無限的愛。即使不特別誠心，只要說出「我愛你」就可以開始進行清理。就只是回到原來的狀態。這和以期待或執著來傳達愛是完全不同的。至少可以認可對方的存在。當你可以自然地想起『謝謝你在這裡』時，接下來就換我找回『自己』。」

我一邊品嘗料理，一邊繼續進行清理。博士對我說：

「任何存在都具備原來的完美才能，任何存在都具備可以在這個宇宙裡發揮的絕佳才華。只要你進行清理並回到零的狀態，和你相關的所有存在就能取回他們的才華，並取回原本的平衡。將會發生比你用大腦思考的行程或計畫更棒的事情。」

和博士在一起的時候，經常感覺事情會在沒有拘束感的空間裡順利地進行。而且連當時所需的時間、人事物都會一應俱全。本來覺得處處刁難的人，會在這一瞬間突然提出很棒的想法，或是本來覺得不方便的飯店會提供超乎想像的舒適和安心感。

「我剛開始跟在莫兒娜身邊學習時，某天用餐時她的叉子掉到地上。我連忙想要叫來服務生幫她換一副新的餐具。但只見她默默地撿起叉子，放在嘴邊親吻了一下。我嚇了一跳，只是靜靜地在一旁看著，她什麼也沒說就開始吃飯。接著她看著叉子，用幾乎聽不見的聲音說：『這是一個再次出現在我人生中、帶給我清理機會的、最珍貴的存在唷。』當時我雖認爲她奇怪，但卻感受到她爲萬物所愛。」

這就是當時我從博士身上看見的。

我看見了博士身邊的許多事物終於獲得了認可而感到開心不已。彷彿是博士的安靜和優雅，使這些無聲的存在獲得重生而變得閃閃發亮。

因爲只要和博士在一起，很多平常經過時不會多看一眼的道路、擦身而過的人、默默送進口中的食物、餐廳裡擺放的不起眼的胡椒罐和鹽罐，都會清楚地映入眼簾，甚至被其獨特性所吸引，並讓人忍不住感謝他們的存在。

最重要的是，當我待在博士身邊時，所有事情都會按部就班，不會像無頭蒼蠅一樣手忙腳亂。就算只是靜靜地在一旁，不需要每件事情都大聲引人注意，也能讓對方感受到我的存在感，讓人覺得安心極了。

被人忽略的感覺眞的很差。被人忽略時，完全不知道自己該何去何從。不知道是否應該多說些話強調自己的存在，還是乾脆躲起來算了，所以變得不知所措，最後錯誤百出。

不管是對其他事物或自己的內在小孩，我突然發現自己的所作所爲和「忽略」沒什麼兩樣。而我也知道，如果繼續忽略和自己相關的事物或自己的內在小孩，最後將完全失去自己的容身之處。

即使不開口說出「我愛你」三個字也沒關係，只要在心裡這麼唸著就可以，甚至只是想像自己的雙眼正在閱讀這三個字也可以。

我並非感受到愛，而是愛本來就存在我心中。我只是唸出「I Love You」「我愛你」，並將開關打開。爲每個瞬間裡一一出現的體驗打開開關。這麼一來，就能找回我和我的內在小孩、內在小孩顯示讓我看見的各種存在之間的連結，所有的存在就能找回正確的場所和時間之間的平衡。

「某些才華只有你才擁有，就算你現在不知道是什麼，也不需要著急。也不需要特別抓住它。只要清理現在眼前所見，慢慢找回就可以了。然後你就會發現一個擁有獨特才能的自己，讓你不能不愛自己。」

說完之後，博士唱起了他最喜歡的一首歌〈Only You〉。

雖然我現在還看不見，也感覺不到這項除了自己之外、任何人都沒有的才華是什麼，但我可以藉由清理打開這個開關。就算我不停地將開關打開，還是有更多打開開關的機會出現！

修藍博士的自我清理話語

清理之後，產生的是信賴關係。

荷歐波諾波諾是一個方法，能在目前這個瞬間治癒自己過去所犯的錯誤

和使自己靈魂受傷的悲劇，並回到原來純真的狀態。

藉由目前發生在眼前的事物，重新找回自己。

這麼一來，信賴關係就會將我內在的三個自我連結在一起。

不管發生任何事，都能找回這一個瞬間。

只有在這個瞬間裡，我們才能和所有一切有所連結。

不管喜悅或悲傷，全都在自己的內在

某一年博士拜訪日本時，我們一起去了明治神宮的菖蒲園。

各種不同種類的菖蒲綻放著紫色的光芒，挺立於水池中。我們盡可能放慢腳步，靜靜地繞著水池走。因爲菖蒲在那個季節盛開，池邊四處都擠滿了賞花的人。

我們在原地等了一下，讓剛才就排在我們後面的一整排人先走。這時我看見隊伍中有一個老婆婆。她的駝背非常嚴重，身材十分嬌小，很努力地跟著隊伍移動。接著，我聽見跟在她後面兩個歐巴桑之間的對話。

「好討厭喔，你看她的背彎成那樣，眞的很難看耶。」

「這樣根本就只看得見地上吧，眞不知道她來做什麼的。」

那一瞬間我心中馬上湧現很不舒服的感覺，希望老婆婆沒有聽到這些話。爲什麼這兩個人要說這些令人不舒服的話呢？那一瞬間，我覺得非常難過又憤怒。

結果博士突然問我：

「你現在體驗到什麼？」

博士是聽不懂日文的，也應該聽不見那兩個人之間的對話才對。是不是我太情緒化、全身散發出憤怒的氣息呢？於是我老實地把自己的感受告訴了博士。

我把自己所見、所聞、心裡所想的，全部老老實實地告訴博士。一邊說的同時，我覺得自己似乎變得非常激動，一邊想著：「我所感覺到的應該是一般人很理所當然的情緒吧？這是很理所當然的感覺吧？」

當時我感覺到一種很想馬上擦拭乾淨的屈辱感。和博士說話時，我的臉上經常會表現出這種打從心底湧起的想法。

但博士只是一臉認眞而嚴肅地繼續對我說：

「你怎麼知道嘲笑別人的人是否眞的比較幸福呢？你又怎麼知道低頭流著眼淚的人眞的沉浸於悲傷中呢？

「首先，我希望你了解，所有一切都是你所見的、所聽聞的。如果你在外在看見、聽見了悲傷，這些悲傷其實是存在你的內在。

「你看看那邊的樹，覺得那棵樹看起來開心嗎？還是看起來悲傷呢？樹是不會流眼淚的，樹也不會大聲笑，樹只是以生命、以自性的狀態存在那裡。不管是雨天、晴天，外在發生的事都不是問題，它只是活出自己的生命。

「當你看著那棵樹時，不管你覺得它美麗或醜陋，都和這棵樹沒有關係，那都是你內在發生的事。

「這個想法也適用於人，不管你看見的是誰、抱持著怎樣的情感、表現出怎樣的反應，都要先清理這些事情。

「你可以選擇進行清理，而非一直和記憶共處。清理之後如果有任何情感浮現出來，就再清理。你可以爲這件事情負更多責任，因爲主角是你自己。」

聽完後，我突然覺得有點不好意思，因爲我總是很容易就陷入情感的漩渦。觀賞電影或紀錄片時，我的情感總是一口氣就湧現出來。雖然這並不是壞事，但聽了博士的話之後，我覺得自己就像是一個玩瘋了、把東西丟得到處都是卻不整理的小孩。

「這位老婆婆是天使，是偉大的存在所創造出的完美存在。雖然她的駝背很嚴重，不管她的視線落在哪裡，說不定她都滿足於平靜之中。

「你覺得清理自己心中所見，能帶給多少人自由？你正負擔著非常大的責任唷。」

我可以用清理的方式來守護樹木，而不是用鋸子將樹枝修剪成我所希望的形狀，不必爲了使它長得筆直而加上支撐木樁，也不會爲了調整天候而將其放入溫室。但是我會進行清理，爲了使這棵樹能盡情表現生命，爲了使我能繼續欣賞這棵樹與其生命，我將繼續進行清理。

或許路過的人會說「這棵樹長得好奇怪喔」，或許過長的樹枝會勾到我的手，或許過了很久之後，這棵樹再也無法開出美麗的花朵、長出果實。

這時，我的心中應該會出現羞恥、悲傷或憤怒等情感吧。誠如博士所言，所有一切都來自我的內在。所以我必須自己清理這些自己丟出來的情緒，對每一個情緒說「謝謝你，我愛你」。

這麼做之後，即使一切都只是自己的想像，卻也從這棵樹和我之間找出了許多沉重的想法，而我自己也能回復平靜的心情。就是這樣，我的內在小孩非常希望獲得自由，因爲「平靜由我開始」。

在這同時，我發現了一件事。在兩個歐巴桑嘲笑駝背的老奶奶之前，其實我已經在心裡對老奶奶投射出這樣的語言「駝背得這麼嚴重，眞可憐」。

在這個世界上，唯一有責任清理我所感受、我所見的，就是我自己。歐巴桑們說出來的這幾句話，或許就是爲了讓我發現這件事。

最後博士告訴我：

「當然有時候也是需要行動的。針對出現在眼前的事物若湧現某些情緒，就進行清理。

「清理之後，就會在那一瞬間了解自己該怎麼做了。接下來就看你能不能誠實地表現出來。

「如果不知道該怎麼做，就再進行清理。清理完之後行動，然後再清理，就是這樣不斷重複。不管任何時候、看見了什麼，我都希望你能重新回到清理。

「爲了做『眞正的自己』，內在小孩的協助是不可或缺的。因爲內在小孩非常認眞地在觀察你是否眞正誠實。」

修藍博士的自我清理話語

你所抱持的痛苦，並不只是你自己的。
就連時間、土地、動物、
植物、人和空氣，也都在時間洪流裡體驗了痛苦。
而你正打算放開這些痛苦，
不但只為了你，
也能使你身邊的人從痛苦中解放。

別想要變成任何人，希望你就是你自己

和博士在一起的時候，一定會聽到這句話……

這對我來說很難，因爲其實我一直都希望變成某個人。我常會有這樣的念頭：因爲我從事的是這樣的工作、因爲我是日本人、因爲我是女人、因爲我的年齡、因爲我有這樣的經驗等。不知從何時開始，我開始一個人玩著這樣的遊戲。

有次博士在某個國家的大學進行演講。居中連絡、協調的工作人員說：「今天來了很多政治人物和大學教授。」所以我有點緊張。

每次和人見面之前，博士都會先問好對方的全名，並盡可能問到出生年月日、職業和見面的地點，直到見面當天還持續進行清理。找出自己由這些情報中所浮現的情感，也就是與對方之間的記憶，並進行清理。博士非常重視這個部分。當時也是如此。我也不斷盡可能地清理已經獲得的訊息。

多虧了清理，那天的演講進行得非常順利。演講結束後，我們和工作人員、教授和政治人物一起茶敘，度過了融洽的時光。

但在返回飯店的路上，博士卻告訴我：

「今天辛苦你了。我想告訴你，別想要變成任何人。我希望你就是你。只要你心裡想要變成某個人，就會失去每一個可以放手的機會。」

聽了這番話，一整天的緊張在一瞬間突然獲得紓解，這時我才發現自己因爲精神緊繃而全身僵硬。我並沒有生氣，卻覺得全身的血液都衝到了頭頂。

「這麼做或許需要勇氣，不過當你承諾要成爲自己的時候，你看見的東西才是現在應該正視的。這就是我們應該努力的。

「光芒隨時都照耀著我們，不會消失。愛沒有起始，也沒有終點；愛從未間斷地湧出。所以不要等到未來某一天，我希望你做現在的自己。只有你能開始清理。只有你，才能掀開遮蔽光線的蓋子。

「在光線照射下，第一眼看見的或許是垃圾。那是我們應該放手的問題，它們一直等著被我們發現。

「最大的才華，就是身爲『眞正的自己』。所有的存在都具備著自己原有的才華而誕生。當你發現自己的才華時，在你身邊的每一個原子和分子也才會發現各自的才華。」

當我憑藉記憶說話時，對方當然也是以記憶聆聽。當我憑藉記憶來裝扮自己時，對方所看見的當然也是記憶。

「就算不當好孩子也沒關係。爲了讓你能做自己，所以才希望你清理現在這個自己，這是你今天最重要的任務。

「這些話不是爲了你而說的，因爲如果你不是你，我也可能失去自己。如果你不是你，在演講中也可能會出現原本應該能接受卻變成無法接受的人。

「如果你不是你，這樣的歷史也會剝奪將來的孩子們和所有存在可以做『自己』的地方和機會。」

因爲我是女人、因爲我的年齡、因爲我有這樣的家人、因爲我受過這樣的教育、因爲我從事這樣的職業……

同樣的，在認識荷歐波諾波諾之後，我又多了一個「持續進行清理的我」的身分。當我透過荷歐波諾波諾和其他人見面時，又多了一個想要成爲「正在進行清理的我」的自己。

「夏威夷人知道每種植物都具備不同的才華。

「他們知道即使長滿尖刺、發出臭味，甚至是長出有毒果實的植物，都具備了無可取代的靈魂。

「聞了這種臭味讓人有精神，因爲有毒讓我們遠離蟲害，正因爲這些神聖的存在超乎我們的理解，所以我們對這個存在祈禱。任何存在都是我們和神性對話的仲介。

「不只是植物，每個人也都具備了自己的才華和個性。只要發現這點，就會發現這個有如奇蹟般的法則，那就是：你能做爲眞正的你，而我也能做爲眞正的我。」

修藍博士的自我清理話語

你總是為了變成某人而努力，結果卻筋疲力竭。
但只要你進行清理，並回歸零的狀態，
就能藉由靈感，讓偉大存在從你表現出來。

每個人都中了「思考」的毒。
這個時候，偉大存在應該會對你說：
「哈囉！你的內在小孩從剛才起就在對你說話唷！」

只要進行清理，就算只有一次，我就能再一次獲得生命

接觸荷歐波諾波諾之後，我多次造訪夏威夷，在那裡認識了許多人都花很長時間學習清理，就如同莫兒娜時代就跟在身邊學習的博士一樣，有些人甚至比博士更久。

雖然每個人的年齡、職業和居住的地方都不相同，但每個人實踐清理的時間都長達數十年。即使和他們在路上擦肩而過，也不會有人發現他們實踐荷歐波諾波諾長達數十年。

不過對我來說，他們都是在自己的世界裡，經年累月透過荷歐波諾波諾對自己負責的人，都是非常了不起的人。

有位住在美國南部的老奶奶，拿出她就讀小學、可愛孫子的照片給我看。

還有一個夏威夷原住民，是一位古代夏威夷王朝中流傳的戲劇繼承人，隨時看起來都精神抖擻。一位任職於矽谷的男性工程師，他是一名拉丁裔美國人，也是虔誠的基督徒。KR女士則是任何時候見面，都會笑著對我說「嗨～」。一對慈祥的夫婦住在名為「凱魯瓦」的安靜住宅區，他們告訴我「是內在小孩將浪漫帶給我們」。他們每天都帶著有如陽光般的笑容，擔任溝通義工的角色。

其他還有美軍女性心理諮商師、律師等各種職業。某天有位在夏威夷島經營咖啡豆農場的老伯伯對我說：「這棵樹是幾年前博士和我一起種的喔。」這棵樹雖然比其他樹更小，不過卻長出了鮮紅、閃耀的咖啡豆。他請我咬了一口，非常甘甜。

和這些人一邊聊天一邊度過溫暖的時光，對我來說是非常珍貴的。不可思議的是，雖然這些人的年齡、國籍都不一樣，但卻不會讓我過度緊張。如果人和人之間存在著框架，那麼我們之間就像是去除了那個框架一樣，我經常透過這些人，重新發現了自由的自己。

而且回想之後才發現，這些人在對話中都說過這句話：

「如果當初沒有實行荷歐波諾波諾，我早就沒命了。」

當時我認爲可能是其中有很多年紀大的人，也有些人或許在長年中曾經遭遇危險，並沒深思此話。

某天我在歐胡島上，一邊和博士共進早餐，一邊遠眺著海洋時，聽見博士低聲地說了一句話：

「如果沒有實行荷歐波諾波諾，我早就沒命了。」

聽到博士說出了和其他人相同的話，我馬上接著問：

「博士，到底發生了什麼事？其實每一個你介紹給我的人也都說過一樣的話。大家都說差一點就沒命了。到底發生了什麼事？」

博士繼續說：

「只要持續進行清理，就會發現無法做自己、失去自己是多麼可怕的一件事。不管是這張桌子、這把椅子或是這片草皮，失去自己的時候，就會沒命了。不但不能呼吸，也看不見光、一片漆黑。」

我覺得好難過。不知爲何聽了博士這番話之後，我的心都揪在一起，感覺好痛。

這時我逐漸發現，失去自己時，也就是三個內在自我四分五裂的時候。當現在存在於此的所有物體都感覺到這一點時，那會是件多麼痛苦的事。當不再有光芒照射時，會帶來怎樣的病痛和傷害呢？

「但是，只要進行清理，就能超越所有時間，使已經停滯的事物再次流動。就如莎士比亞所說，是生還是死，這就是問題所在。進行清理或是使其停滯不前，你認爲責任在誰？」

「是誰的責任？」這個問題就是清理的基礎。不管在哪裡，問題的原因在於記憶，只要體驗到了問題，認清這是身爲記憶持有者的我所選擇的，荷歐波諾波諾才開始進行。

我在夏威夷認識的荷歐波諾波諾實踐者，都過著平靜的生活，面對人生中出現的問題時，他們都了解這是自己選擇的，並堅持這樣的立場不曾改變。我好喜歡這些人，每次想起他們，就會感到光明，彷彿所有光源照耀著我。

某次我在歐胡島和博士的多年好友夫婦見面，談話中太太告訴我說：

「我眞的很慶幸出生在這個時代。」

或許因爲身處於和平盛世之中而不知感恩，我從來不曾眞心思考過這個問題。反而希望自己生長在不過度開發的大自然中，也曾想過如果生活在經濟更活絡的時代或許會更開心。尤其是看到令人難過的新聞時，甚至會想，這個世界好恐怖喔。

於是我問這位太太：「爲什麼你會這麼想呢？」

她的先生回答我說：

「時間是人類創造出來的概念，而時間本身和我們一樣具有記憶。就像現在這樣，我在有意識的時候在這裡進行清理，就算只有一次，我就會重新獲得生命。不論誰說了什麼話，這唯一的一次清理，跨越了所有的時光，使過去發生的所有悲傷與罪惡在這個瞬間獲得療癒與導正，使我的靈魂重新沐浴在光中。這就是我的感受。」

我到現在都還記得他們夫婦兩人優雅而沉穩的眼神和眞摯的神態，從他們身上，我學習到對今天至少清理一次的豐富心存感謝。

這些人每隔幾年都會舉行聚會，我很幸運曾經獲邀參加其中一次。

本來我以爲那會是一場很嚴肅的會議，後來才發現是一個在KR女士家舉行的家庭式聚會。大家各帶一道料理或水果來分享，就只是這樣的聚會。

和這些爲人和善的朋友們一起享受美食，使我感覺心情非常輕鬆。

聚會中我在尋找修藍博士的身影，才發現原來他在KR女士最引以爲傲的純白色大水槽前洗碗，旁邊有位女律師動作俐落而仔細地幫忙把盤子擦乾。我是在場最年輕、輩分最低的，卻什麼忙也沒有幫，覺得很不好意思，於是便說：「我來幫忙！」博士聽了之後臉上堆滿笑容，開心地對我說：「現在我正在清理中，可以不要來搶我的工作嗎？」

聽了這句話，我有種不可思議的感覺。放眼四周，雖然每個人的年齡和外貌都不盡相同，但卻都很自然地找到了自己在這個場合裡該做的事。有人將吃不完的食物打包裝進保鮮盒裡，有人和久違的朋友擁抱問候，也有老先生在院子裡陪KR女士的愛犬玩耍。

看到這樣的景象，我心想：「多麼幸福的景象啊，但是我不知道自己能做什麼，怎麼辦？」於是便進行清理。這時突然有人戳了戳我的背，原來是KR女士的孫子來找我陪他們一起玩，手上還拿著顏色奇特的軟泥玩具。不知道爲什麼，我突然好開心，和小朋友玩到幾乎忘了時間。

並沒有人特別提起荷歐波諾波諾，這些人所實踐的荷歐波諾波諾就是「荷歐波諾波諾回歸自性法」。不管任何時候，都能在自己心中獨自開始。

因爲這些人都非常了解這件事，因此每個人在這個瞬間都默默地清理著自己、這個房子、在場的每個人和每一件發生的事，並將這當作自己的責任。讓我強烈感覺到「這裡就是這樣的一個地方」。這種感覺很美、很自由、平等而非常舒適，是一個能讓我體驗平靜的地方。

我因此感動不已，只是靜靜地眺望著這片光景。

修藍博士不知何時悄悄地出現在我身邊，對我說：

「發生自殺事件的地方，都有著絕望。而這個絕望的種子，存在於每個家庭中，也存在我心裡。沒有任何一件事情是發生在外面的。如果不能放手、自己體驗愛，這個地球就無法感受到愛。

「颱風的中心點總是非常平靜，荷歐波諾波諾也都是發生於此。首先必須讓自己的內心處於平靜。

「不過荷歐波諾波諾具備了從中心逐漸往外擴展的特性。」

我並不知道這些人擁有什麼樣的家人、度過了怎樣的上半生。但因爲有了和大家認識的機會，剛好有了一些對話，聽了一些有趣的事，某個人打翻了飲料之後，大家分工做著自己該做的事。每一件微不足道的事，其根本都在於由「我」開始進行清理的責任和對其他人的愛，使這些緣分各自前往該去的地方。

修藍博士的自我清理話語

我們居住的地球，接納了宇宙間所有麻煩人物，讓每個麻煩人物在這裡不斷進行清理。在這當中，你會不經意間體驗到與神性的連結。

「阿羅哈！」當你在任何事物上看見美，那是你的神性雙眼所見。

「阿羅哈！」當你在任何事物上聽見美，那是你的神性雙耳所聞。

「阿羅哈！」然後當你在某個時間體驗到了自由與豐足之後，你將會透過「真正的自己」，體會到神性偉大的愛。

在遇見的人事物上不留下任何足跡

博士到日本進行課程演講的某天晚上，他問我：「清理的工作做得如何？」

我告訴博士：「對於目前人際關係方面的問題，我每天想起時都會進行清理，也會盡量做到照顧內在小孩。」

博士聽了之後說：

「當你想解決某個問題時，就會針對每天接觸的事物進行清理吧。你每天和多少人見面呢？」

於是我回想了一下今天一整天所見過、連絡過、意識到的人。

我的同事、同事的女兒半夜發燒了，弄得人仰馬翻；上班途中撞上了迎面而來的人所撐的傘，被對方啧了一聲；經常遇見的超商店員；和媽媽在skype上聊天；和忙碌的弟弟一直沒有連絡而感嘆不已；中午用餐的餐廳員工看起來很沒有耐性；收到了爸爸寄來的郵件，信中提及爸爸與奶奶都過得很好，但我擔心他們是否真的都健康。

在網路上讀了喜歡的藝人的部落格；在電視上看到地震受災戶的新聞，也看到了在這些事件中受批評的政治人物；整理照片時發現高中時代的照片，想起了將近十年不見的同學們，不知道大家好不好；朋友傳來交了新女友的郵件，不知道是個怎樣的女孩。

這麼想了一下，才發現今天一整天我曾經交談過的人有這麼多，再加上和這些人相關、自然而然出現在我腦子裡的人、想起的人，一天二十四小時裡我居然和這麼多人有交集！

博士對我說：

「一天之中，你搭的電車、去過的商店、眼睛所見的事物、吃進口中的食物、觸摸過的物品、郵件、衣服等，有好多東西啊！」

早上的電車非常擁擠，讓我很後悔穿了這麼厚重的衣服。某個電車廣告讓我有不愉快的感覺。進辦公室之後發現通風不好，讓我覺得不舒服。偏偏今天收到的英文信都很難，所以工作遲遲沒有進展。今天去吃午餐的店雖然很好吃，但是出菜很慢，讓我吃得很急。湯的分量似乎比平常少。

工作結束之後到書店晃晃，卻找不到想要的書而失望透了。雖然找到了好看的攝影集，但是因爲價格很貴，所以決定再考慮一下。回家時路上好多腳踏車，有好幾次差點被撞到了。

我住的這附近以前很漂亮，但是最近很多人亂丟垃圾，烏鴉似乎也變多了。不知道是土質不好或是澆水量不正確，種在盆栽裡的植物看起來奄奄一息……

在短短的一天之內，我去了好多地方、做了好多事。

「對於和自己相關的每一個人事物或地方，自己有了怎樣的反應，你是否都進行清理了呢？」

聽到博士這麼問，我回想了一下。搭電車之前、早上打開電腦之前、吃午餐之前、面對沒耐性的店員時、打開電視之前、面對受災地、面對我的家，我應該都確實進行了清理。不過對於自己的反應和各種訊息，我是否也都仔細進行了清理呢？

「每天結束之前，如果你沒有確實對每件事進行清理，內在小孩就會無法呼吸。

「假設你去過的地方、接觸過的事物、想起的人，每個存在都以不同顏色的線和你的內在小孩互相連結。在你去的每個地方，你的內在小孩就會以這些線和每個人事物連結在一起。

「如果你不進行清理，這些線就不會斷。進行清理之前，內在小孩會一直握著這些線。線越來越多，慢慢就會纏住內在小孩。被數億條線纏住的內在小孩完全動彈不得，你的內在小孩每天都處於這樣的狀態，而這個內在小孩就是你自己。」

博士繼續說：

「內在小孩就在這些各種不同顏色的線層層纏繞的狀態下，看著、說著、聽著各種事物。我們平常都是用記憶在看、在聽、在說，沒有眞正看到事物本質，所以要進行清理。藉由清理，將這些線一條一條剪斷。我們將這些線稱爲『阿卡絲連』（AKA CORDS）。」

★「阿卡絲連」類似中文所說的緣分。和你連結的人事物地，藉由思想有所連結。阿卡絲連也會帶來束縛和想法。

我回想了一下今天一整天自己去過哪些地方，在這些地方產生了怎樣的想法和情感。雖然我看不見內在小孩，但聽了博士的話後，我才知道這些自己認爲理所當然的行爲背後，使內在小孩受到阿卡絲連多麼大的束縛，於是我衷心地說出「對不起，請原諒我」。

我的心中自然湧現了這樣的想法：「內在小孩，我一直無視於你的存在，對不起。」「我希望變得自由，聽見我所聽、看見我所看。」

「而且只要一天不進行清理，面對土地、人事物時，我們也會不斷地將線纏上去。在本來全新、空無一物的狀態中，留下各種足跡，使所有事物混雜在一起。這麼一來，就會使土地和各種人事物變得一片荒蕪，失去了原本的自由。這是一種虐待，迷失了眞正的自己。

「我不知道過去發生了什麼事情，但是現在這個瞬間我再次體驗到這些，有了重新獲得自由的機會。我們和這片土地從阿卡絲連這些線獲得解放、獲得自由的那一刻，才能眞正找回原本的連結。不管是土地、人或是各種存在都是如此。」

就算是以後不再見面的人或從沒走過的路，如果我不進行清理，就無法獲得真正的結束。或許我就會在這種半調子的連結下漫無目的地度過每一天，同時使內在小孩承受痛苦。

「我們總是忙著到處留下足跡，卻忘記眞正最重要的工作。」

家、朋友、家人、情人、工作、電車、汽車……希望大家覺得自己很棒、悲傷、痛苦、醜陋、喋喋不休、老舊……讓自己記憶的重播——也就是情感——留下足跡，遮住了原本最完美的狀態的，都是我們自己。

「聽說美國原住民總是非常注意不在生活的地方、造訪的地方留下自己的足跡。所以據說他們既不蓋教會，也不蓋寺廟。」

對於某人或某地感覺不愉快時，就進行清理。

對於某人或某地感覺依戀時，就進行清理。

不管好事或壞事，在這一個瞬間裡，內在小孩好不容易拉出的線是給我自由的機會，我用荷歐波諾波諾來將線切斷。「謝謝你讓我看見」。

我想起自己讀國中前住過的東京公寓。因爲已經搬離那裡超過十年了，原本我已經忘記這間房子的存在。我們一家人在那間公寓裡不知吵過多少架、彼此傷害、流過多少淚。「好想快點逃離這個家。」這段時間我不知道在心裡對這間公寓說過多少次這樣的話。

我又想起國二那年有九個月時間住在葉山的事。那是我和媽媽、弟弟第一次三個人一起生活、第一次轉學。媽媽每天通勤到東京上班，晚上帶著疲憊的身軀在陽台上眺望那片黑漆漆的大海時，不知道是怎樣的心情。當時的我只能擔心而不安地看著媽媽的背影。雖然這段時間並不長，但卻留下許多回憶，要搬回東京時，我非常不願意。一直到最後一刻，我還哭著對媽媽說想繼續住在這裡，但是願望沒有實現，我記得當時是帶著遺憾又孤單的心情搬回東京的。

這些一直被我遺忘的家，我在那裡體驗到了許多悲傷、感動、喜悅、興奮、憤怒與不安，我應該也是在這段時間內體驗到初戀。這些地方也發生過許多和金錢有關的麻煩事。這些事房子也都體驗到了。

雖然我的生活方式和居住的房子已經和以前完全不同，不過在我心中所有的事情都以從前的樣態存在著。在我忘記這些房子時，房子應該也被我拋出的線緊緊纏繞著吧。

於是我一一進行清理，只要一想起就馬上清理。同時也清理現在居住的房子，我想應該和很久以前都有所連結吧。但我不需要回想，因爲我現在這樣與它相遇，就重新得到清理的機會。

我在心裡回想著以前住過房子的每一個角落，也想起了許多一直到現在仍然無法忘記的難過回憶。於是我清理了公寓的名稱、住址、電話號碼和所有想起的事情。

我不知道清理之後發生了什麼事情，不過博士告訴我，不知道也沒有關係。接著我由衷感謝以前住過的房子和藉由清理所體驗到的事物，可以結束過去那種沒有出口、沉溺於過去的陰暗痛苦。

透過荷歐波諾波諾的方法，我重新獲得了相遇的機會，回到原本的場所。

「你心中的內在小孩一直在等待你進行清理、切斷纏繞在他身上的線喔。他一直等著你將幾億年來留下的足跡清理掉、和你一起與靈感互相連結喔。」

修藍博士的自我清理話語

當你感覺痛苦、已經無法重新振作，

當你覺得自己已經變成空殼，什麼事都做不了，

當你感覺孤獨。

即使是這些時候，你也並非孤單一人。
你的油箱並非空盪盪，而是加滿了油。

你的潛意識裡存在著無數的記憶。
任何時刻裡，內在小孩都會讓我們看見許多訊息。

就連你感覺「實在太痛苦了，我真的無能為力」的時候，
都是內在小孩在對我們說「你看，這就是放手的機會」。

不論任何時刻，你的心靈都不曾休息。
真正的敵人是「思考」。
對你來說，那是一種毒。
我們每個人都中了「思考」的毒。

地球是個復健中心，
給我們重新開始的機會。

不管是痛苦、怨恨、期待、絕望，或某個人、某件事所創造出來的事物，都不是任何人可以任意帶走的。

即使是感覺到孤單的那一瞬間，
內在小孩都會讓你看見
存在於你之內的幾億個存在，和歷史所留下的無數個片段。

如果你感覺痛苦，不需要掙扎爬起。
只要躺在原地，閉上眼睛對他說話。
即使並非誠心也無妨。
謝謝你。

對不起。
請原諒我。
我愛你。

開口之前，先暫停片刻並進行清理

小時候我總是羨慕他人，心想「要是我有這樣的家人該有多好」「好想住在這樣的房子」「好想念那樣的學校」「好想要那樣的寵物」。每當我看見任何人，總是能馬上找出令我羨慕之處。

不知從什麼時候開始，就常會聽到許多人說「羨慕別人是最丟臉的事」。就算羨慕別人確實有點悲傷，但爲什麼有人要說出這麼壞心眼的話呢？於是我更會在暗地裡偷偷羨慕別人。

不過聽了博士的話之後，我的想法就慢慢改變了。

有一陣子週刊雜誌曾經介紹過某個藝人的私生活而引起騷動，當時我和博士一起在車上，不經意脫口說自己好羨慕他。報導中那個藝人交往的對象讓人人羨慕、過著人人羨慕的生活，隨時都露出燦爛的笑容。博士對我說：

「沒有人知道這個藝人私底下正發生什麼事，只有你的內在小孩知道。」

話雖如此，但那樣的生活眞的很棒，大家一定都會羨慕的啊。我當時對博士所說的話半信半疑。

「你知道嗎？羨慕別人的想法其實就像一條線，和那個人的意識、自己的意識連結在一起。沒有人知道那個人是否眞正幸福地過著那樣的生活。人都只願意看見有形的表徵。讓你看見眞正事實的，是你的內在小孩。那裡有很多人的意識，並且密切地互相吸引，結果卻失去自由。」

聽到後來，想到自己無意間這種羨慕別人的想法，和我們看不見的地方所發生的事，突然覺得很可怕。博士繼續說：

「不論如何，這並不只是對他人的羨慕，而是你的內在小孩從以前就有的記憶，只是透過現在這樣的形態讓你看見。如果你一直忽略這樣的訊號，就會一直失去自己，看不見眞正的自己。」

聽了博士這番話之後，每當我感覺羨慕別人時，就會馬上進行清理。因爲羨慕別人不是丟臉的事，而是爲了找回自己。

某天我和一個年紀比我小、長得非常美的女孩一起喝茶。聊了很多之後，她對我說：

「以前的我很討厭照鏡子，甚至到了一照就想死的程度。走在路上時總是低著頭，以免和別人的眼神交會。我太在乎自己的外表了，總是希望時間快點過去。」

聽到這些話，我在驚訝的同時，也感覺很悲傷。這個女孩這麼美又這麼有才華，爲什麼會這樣想呢？這時我馬上想起博士說過「只有我的內在小孩知道現在正發生什麼事」。

於是我一邊聽朋友說話，一邊進行清理。

清理的時候我想起自己在十幾歲時發生過和外表相關的悲慘回憶，並清理了和別人比較的痛苦、羞恥等情緒。和這個朋友分開之後，我也持續進行清理。

當心理的痛苦越來越淡之後，我又有了和她見面的機會。她已經恢復原本開朗而健康的笑容，好像不曾發生過任何事。

這時我非常清楚地知道，「羨慕別人」就是內在小孩爲了讓我們清理自己的回憶而讓我們看見的。

「我們無能爲力。不管是我或是任何人，或是任何事物，都會受到很久以前塞滿我們內在的記憶重播所刺激。從自己口中說出來的話，眞的是你所說的話嗎？還是記憶藉由你的嘴巴說出來的呢？要怎樣才能知道？

「我們所體驗的，都是內在小孩讓我們看見的。動機也是內在小孩讓我們看見的。記憶不只是負面的，所有刺激你的都是記憶的重播。我們隨時都徜徉在記憶的海洋之中。不論面臨怎麼樣的海浪（記憶），我覺得最聰明的就是和內在小孩一起游了。」

好的、不好的事，都是記憶的重播。不管是平穩的海浪，或是驚濤駭浪。

「只要進行清理，就不會被海浪吞噬。眞正的自己和純眞的靈魂所追求的，就是在最平凡的時候可以看見的光。當這道光線照到你的時候，你就能找回自性，活出眞正的生命。」

但我還是會追求成功、健康和富裕，這是無可避免的。有時候會因爲過度追求而感到痛苦，有時候則會成爲努力的動力。

但這也是沒辦法的，這些都是已經發生的事。這些已經存在於我腦中的記憶，都是從很久很久以前，花了很多時間累積而來的記憶片段。我只能盡可能藉由荷歐波諾波諾持續將他們送回原本空無一物之地。

「內在小孩，原來這些記憶已經在我的心中存在這麼久了。謝謝你讓我看見，我們一起進行清理吧。謝謝你，我愛你。讓我們一起回到原本零的狀態吧。」

雖然這可能會是一段令人一籌莫展的旅程，但在我們踏上旅程的同時，就已經開始找回自己。你將會發現自己被喜愛的事物包圍，放眼望去，全都是像小時候以滿滿的愛爲我帶路的東西一樣。

不只是人，就連物品或植物、工作、行動電話、食物等，都會在背後輕輕推著我們走向光明的一邊，對我們說：「要走這邊喔。」

「不妨試著閉上嘴，看看這麼做之後，整個世界會變得多安靜。就算自己閉上嘴，四周還是一樣吵雜嗎？這些全都是記憶的聲音。」

修藍博士的自我清理話語

嘗試每天從「我什麼都不知道」開始。

因為愛就是自由。

請愛上你的名字。

這個一直以來被你遺忘的存在，獲得了愛將會非常快樂。

不管你在哪裡，

所有的一切都是你的孩子，你就是一切的父母親。

這片記憶的遼闊海洋中所遇見的所有事物都在對你說話。

問題究竟在哪裡？

你究竟是什麼人？

監修者後記（修藍博士的訊息）

致各位讀者：

我學習荷歐波諾波諾回歸自性法多年來的導師莫兒娜，在生前曾經這麼告訴過我。

「荷歐波諾波諾並不是一種信仰，而是從每一瞬間不斷體驗而來。」

對我和各位讀者來說，每個人的荷歐波諾波諾都必須在經過實踐之後才會開始產生作用，它是讓我們想起自己的存在的語言。

清理比思考更重要，清理比相信更重要。差別只在於進行清理，或是不進行清理。就只是這樣而已。

差別只在於苦苦於外在追求問題的原因，或是每天藉由清理反省自己，從自己的內在找回平靜，就只是這樣而已。

我是爲了再一次進行清理而誕生於這個世界的。現在我所做的一切、所遇到的人（當然也包含這本書的讀者）、所見和所聽的訊息，都是爲了讓我清理過去累積的記憶，並學會放手而出現的偉大存在。

當我發現了這一點，問題就不再是問題，而是神性爲了讓我找回「我」這個存在而準備的寶貴機會。也就是說，我現在正在體驗「阿羅哈（現在的我正在神的面前）」。

我持續在進行清理時，有時會在腦子裡試著想理解荷歐波諾波諾，有時太在意結果，就會聽到某處傳來這個聲音：

「你只要照顧好內在小孩就可以了，其他的交給我。」

神性所做的一切不是我所能掌控的，我能做的就是清理。

請各位不要失去做自己的光輝。透過每天的體驗，就算是訝異或悲傷，也不要忘記從這一瞬間起，你可以自己解決問題。

若你可以做自己，將會帶給這個世界多少的喜悅呀。這是你和內在小孩共同帶來的。

謝謝大家讀完這本書，由衷希望你的家人、親人、祖先們都能獲得超越理解的平靜。

大我的平靜

伊賀列阿卡拉·修藍博士

〈作者後記〉

修藍博士教會我以阿羅哈的雙眼看見世界

首先感謝各位促成了這本書的出版。

修藍博士的態度不論何時都非常嚴謹，總是在重要的時刻裡停下腳步和我說話，令我感激不盡。

還要感謝在這本書完成之前，不斷藉由清理來支持我的KR女士和公司所有同仁。

將阿羅哈的氣息帶進這本書的攝影師潮千穗，非常高興能藉由雨後盛開於馬諾（Manoa）的粉紅色朱槿花和美麗的照片認識了你。Sunmark出版社的鈴木七沖先生，謝謝你平日的付出與照顧。

我無法在此將所有名字寫出一一道謝，不管是我的家人、朋友、爲我打字的電腦、讓我擁有舒適空間的咖啡廳、桌子、椅子，每一個人事物都那麼可愛。

這本書的主題不在於詳細介紹如何實踐荷歐波諾波諾，而是希望能讓所有讀者在任何狀況下，例如覺得自己並沒有辦法成爲理想中的樣子，可以將博士嚴厲而又溫暖的訊息傳達給你，讓你知道「隨時都可以開始清理、沒關係喔」。

書中也提到荷歐波諾波諾並沒有年齡、場所的限制，任何人都可以在任何地方立刻開始實行（例如搭飛機的時候、被父母罵得很慘的時候、在澀谷車站前的十字路口被人潮呑沒的時候，任何時候都可以實行）。

說來汗顏，我一直到現在（就連寫這本書的時候也是）有時都會忘記要進行清理。但只要一想起這件事，就會馬上清理，希望「眞正的自己」每天都能好好珍惜從這個世界上獲得的每一樣東西。

藉由清理，當自己內心深處的內在小孩感受到原諒時，我就有了第一次在這個世界中甦醒的感覺。這是博士教會我以阿羅哈的雙眼所看見的世界。

當我第一次告訴博士想將他對我說過的話集結成一本書的時候，博士什麼也沒說。過了一會之後，他這麼告訴我：

「我看見你戴著鑲有一顆寶石的項鍊，發出了有如鑽石般的光芒。」

從那時候開始，我的心中就一直戴著這條項鍊。透過荷歐波諾波諾的「阿羅哈」和其他人有交集的時候、有接觸的時候、體驗到自己的時候，我都會感覺這顆石頭不可思議地發出了耀眼的光芒。

謝謝各位讀完了這本書，希望世界上所存在的每一樣東西都能找到「真正的自己」並散發出光芒。

阿羅哈！

我的平靜

平良愛綾

〈台灣版後記〉

在台灣清理為我帶來的大改變

各位台灣讀者，阿羅哈！

能在我熱愛的台灣出版這本書，我真的由衷感謝。

其實，這本書是在台灣寫作完成的。

當我剛開始因荷歐波諾波諾的緣故而在台灣這片土地展開新生活時，曾覺得非常孤獨。由於不懂中文，無法與他人溝通，讓我失去了自信心，而覺得待在台灣很痛苦。

這時，我突然想起了內在小孩的存在。

當然，我原本就已經在實踐荷歐波諾波諾，在理智上知道內在小孩的存在，但當我覺得寂寞時，才真正感受到，自己的內在還有另一個自己。

那一瞬間，我才回歸荷歐波諾波諾的本質，明白不論是歡喜或悲傷，內在小孩都會展現給我看。

從那以後，對於台灣這片土地、文化、人們、語言、自己的個性、在深愛的日本生活的家人，以及湧現的心情，我都一一加以清理。

當我發現，台灣這片土地給了我機會去清理，我正活在這無可取代的機會時，感謝之情也油然而生。

之後，台灣給了我難以置信的恩澤：包括安心、安全、豐富的自然、人們的溫柔，還有全新的我。我原本不是個很有自信的人，雖然採訪他人是我的強項，但我卻不善於用自己的話來表達。不過，在台灣遇見新的人事物與體驗後，我自然而然地想以沉穩的觀點來表現與修藍博士的回憶與自己的清理生活。

直到現在，我依然不斷地在台灣獲得清理的機會。

我在原本的〈後記〉中提到，修藍博士說看見我戴著一條鑽石項鍊。雖然我在寫作這本書時，心裡也一直戴著它，但在完成這本書後，就像施了魔法一樣，我在台灣竟然獲贈眞的鑽石項鍊，那是今後將在台灣與我共組家庭的伴侶送給我的。

我的清理旅程現在還在進行，旅途中當然有好事也會有壞事，但荷歐波諾波諾給我的，是超乎想像的豐盛。一旦自己放下了記憶，與我相關的土地，也就是國家，也將會放下。

正在閱讀本書的各位，您現在所體驗的一切，全都是內在小孩展現在你面前，讓你找回自己的、無可取代的機會。請加以清理，讓眞正的自己閃耀光芒吧！

我由衷地感謝。

我的平靜

平良愛綾

國家圖書館出版品預行編目資料

阿羅哈！Aloha：我在修藍博士身邊學到的清理話語 / 伊賀列阿卡拉‧修藍（Ihaleakala Hew Len），平良愛綾 著；龔婉如譯.
-- 初版. -- 臺北市：方智，2013.12
186面；14.8×20.8公分. --（新時代系列；167）
ISBN 978-986-175-332-4（平裝）
1.超心理學 2.潛意識
175.9　　102021087

The Eurasian Publishing Group
圓神出版事業機構
用心與你對話‧視野無限寬廣
方智出版社 Fine Press

http://www.booklife.com.tw　　reader@mail.eurasian.com.tw

新時代系列 167

阿羅哈！Aloha——我在修藍博士身邊學到的清理話語

作　　者 / 伊賀列阿卡拉‧修藍博士監修、平良愛綾著
譯　　者 / 龔婉如
審　　訂 / 楊子萱
發 行 人 / 簡志忠
出 版 者 / 方智出版社股份有限公司
地　　址 / 台北市南京東路四段50號6樓之1
電　　話 /（02）2579-6600‧2579-8800‧2570-3939
傳　　真 /（02）2579-0338‧2577-3220‧2570-3636
郵撥帳號 / 13633081　方智出版社股份有限公司
總 編 輯 / 陳秋月
資深主編 / 賴良珠
責任編輯 / 柳怡如
美術編輯 / 劉鳳剛
行銷企畫 / 吳幸芳‧陳姵蒨
印務統籌 / 林永潔
監　　印 / 高榮祥
校　　對 / 賴良珠
排　　版 / 陳采淇
經 銷 商 / 叩應股份有限公司
法律顧問 / 圓神出版事業機構法律顧問　蕭雄淋律師
印　　刷 / 祥峰印刷廠
2013年12月　初版
2021年4月　7刷

定價 260 元　　ISBN 978-986-175-332-4　　